난주
Enjoy Ranchu

지은이 **오상민**

지식공감

머리말

인생을 즐겁게 살아가는 데 있어서 제일 중요한 것은 오랜 친구와 즐거운 취미라는 말이 있습니다. 우리나라의 경우 성인이 즐길 수 있는 건전한 취미생활이 부족했었지만, 최근 인터넷, SNS를 통한 정보교환으로 취미생활도 다양하게 발전되고 있습니다.

속칭 물질, 물 생활이라 불리는 물고기 사육 취미는 수초와 열대어류 그리고 금붕어 종류로 나뉠 수 있습니다. 그 중 금붕어는 저렴하고 기르기 쉽다고 인식되고 있으며, 물고기를 기르는 입문어로 심지어는 먹이용으로 까지 여겨지고 있습니다.

난주는 금붕어의 일종으로 금붕어 종류 중 가장 고급에 속하는 종류의 하나로서 쉽게 접할 수 있는 종류는 아닙니다. 일단 시중에서 쉽게 구하기도 어렵고 가격도 그렇지만 성공적으로 잘 만들기 위해서는 적지 않은 사육지식과 경험 그리고 애정이 있어야 합니다. 왜냐하면 난주는 적어도 약 2~3년 정도의 시간을 들여 천천히 완성되는 물고기이고 10년 정도를 함께 살아갈 수 있는 반려동물이기 때문입니다. 또한 동일한 한배의 개체라 할지라도 사육자의 실력과 환경 그리고 쏟는 열정에 따라서 완성된 결과에 있어서 큰 차이가 보이기 때문에 '살아있는 예술품'이라고 까지 불려집니다.

이 같은 이유로 말미암아 난주는 어려운 물고기로 인식된 것이 사실인데 이것이 『베란다에서 즐기는 아름다운 금붕어, 난주』를 출간하게 된 이유 중 하나입니다. 쉽지는 않지만 누구나 관심과 애정이 있으면 즐겁게 난주를 사육할 수 있고, 본인의 애정과 노력 여하에 따라서 명품까지 만들 수 있는 방법을 안내하는 길잡이 역할이 되고 싶습니다.

우리나라의 경우 난주 전문사육서적은 전무한 상태로 『금붕어』라는 오래된 좋은 번역서가 있지만 현재의 사육 방법과는 다소 차이가 있고 특히 여러 부분에서 우리 현실과 환경의 차이가 있기 때문에 활용에는 아쉬운 부분이 적지 않습니다. 인터넷 검색이 가능한 분들은 국내외의 정보를 얻을 수 있지만 그릇 정보가 많고 외국의 정보는 초보의 입장에서는 이해가 되지 않은 경우가 대부분입니다.

이런 이유로 인하여 먼저 난주 사육을 경험하고 알고 있는 사람으로서 필요로 하는 분들께 가능한 올바른 정보를 드리고 싶은 것이 책을 만들 게 된 이유입니다.

본인도 계속 시행착오와 실수를 반복하면서 공부하고 있기 때문에 이 책의 내용은 절대적일 수 없지만, 사육 중 궁금할 때 어느 정도의 판단 기준은 제시할 수 있을 것이라 생각합니다.

『베란다에서 즐기는 아름다운 금붕어, 난주』에서는 난주 사육의 핵심이라 할 수 있는 번식에서 품평회 참가까지 난주 사육의 핵심을 필자가 경험하고 듣고 아는 것들을 모두 담으려고 했습니다.

시작한 지 얼마 안 되는 초보자부터 이미 기르고 있는 경험 있는 사육자 등 누구에게나 도움이 될 수 있게 세심하게 신경 썼는데 특히 난주에 관한 기준이 다소 한쪽으로 치우치지 않도록 난주의 대표격인 일본과 중국산 난주의 기준과 차이점 등을 객관적으로 바라보려고 했습니다. 그러나 필자의 연구방향과 난주의 국제기준은 일본 난주협회의 기준으로 했습니다. 혹시 껄끄러운 분들은 너그러운 마음으로 양해 바랍니다. 내용 중 필자의 부족한 부분들은 일본의 난주 브리더(breeder)들에게 직접 질문해서 전해 들은 살아있는 이야기와 사육 노하우, 그리고 전문 양어장의 사육 정보 중에서 사육에 요긴하게 쓰일 것이라고 느껴진 부분들을 나름 엄선해서 가능한 보기 쉽게 정리했습니다. 본인도 원고를 정리해가면서 그동안 간과했던 점을 다시 살펴볼 수 있는 좋은 기회가 되었으며 쉽지 않았지만 앞으로의 난주 사육에 큰 도움이 될 의미 있는 작업이었습니다.

볼 때마다 부족한 부분이 보이지만 뻔뻔하게도 이 책을 매개로 인해서 새로운 분들을 만나서 난주를 즐기고 싶고 기존에 물고기를 기르던 분들이 이 책을 통해서 난주 사육에 흥미를 느껴서 도전하고 싶은 분이 한 분이라도 생긴다면 이 작업은 충분한 의미를 가진 것이라 생각합니다.

『베란다에서 즐기는 아름다운 금붕어, 난주』가 세상에 나올 수 있게 도와주신 도서출판 지식공감의 편집위원께 감사드립니다.

이 책을 시작 할 수 있게 아낌없는 격려를 보내주신 〈대한민국난주협회〉 한일수 회장님을 비롯한 협회 여러분들 그리고 도움을 주신 다음 카페 〈난쭈농장〉 동호회 친구 여러분들께 감사드립니다.

항상 난주만 쳐다보는 저에게 종종 바가지를 긁지만 언제나 이해하고 적극적으로 도와주는 사랑하는 아내...
하수연님 항상 고맙습니다.

2013년 겨울
오성민

contents

PART 1 난주란?   011

01 난주의 특징   012
    1. 난주의 발전 과정   013
    2. 난주의 부위별 명칭   016
    3. 무늬 패턴에 따른 명칭   017
    4. 형태   019

02 난주의 계통   025
    1. 계통 분류   025
    2. 세계의 난주   029

PART 2 난주 사육의 기본 ... 033

01 사육에 필요한 기구 ... 034
1. 수조 ... 034
2. 여과기 ... 038
3. 히터 ... 041

02 사육과 관리 ... 044
1. 물(飼育水) ... 044
2. 사육수 ... 046
3. 환수 ... 048
4. 먹이 ... 053

03 설치 장소에 따른 관리 ... 066
1. 실내 ... 067
2. 베란다 ... 069
3. 야외 ... 072

PART 3 난주 사육의 시작 ... 077

01 본격적인 시작 ... 078
1. 난주를 구하는 방법 ... 078
2. 반드시 해야 하는 과정 ... 084

02 계절에 따른 관리 ... 088
1. 급이 ... 088
2. 환수 ... 093

PART 4   난주 사육의 1년   103

01 동면준비에서부터 동면에서 일으키기   104

02 산란의 기초   107
    1. 종어 관리   110
    2. 산란 준비   111
    3. 인공수정   115

03 산란과 부화   116

04 청자시기   123

05 흑자시기   129

06 당세어   134

07 품평회   142

PART 5 질병의 예방과 치료   155

01 질병의 원인   156

02 소금   161

03 약물의 성분과 사용법   167

04 약 성분과 병원균의 그룹   169

05 아가미병 정복   172

06 금붕어의 병 증상과 처방법   179

PART 6 난주 브리더 6인의 사육 노하우   181

Q&A   184

■ 난주의 용어정리   221

"아는 만큼 보인다"

01
난주의 특징

금붕어는 색상, 무늬, 지느러미의 길이, 그리고 여러 가지 체형에 중점을 두고 개량 발전시켜왔습니다.

사람의 호기심으로 여러 가지 독특한 형태의 금붕어들이 만들어졌지만, 그중에서도 난주는 조상인 붕어의 형태로부터 가장 많이 개량되고 정제된 품종이라 할 수 있습니다.

오직 사람의 미적 취향에 맞게 개량된 물고기입니다.

난주에 대한 평가는 호불호가 뚜렷하게 나뉘며 그 어떤 물고기보다 까다롭고 엄격한 평가기준이 있습니다.

그래서
아는 만큼 보이는 물고기라 할 수 있습니다.

1. 난주의 발전 과정

근대 난주 사육의 역사는, 일본이 근대화되기 시작하는 메이지(明治) 시대부터 시작되었습니다.

주로 상류층 귀족 중에서도 남자들만의 오락거리 중 하나였으며 이들이 유명한 양어가로부터 고가(高價)의 우수한 금붕어를 구해서 길렀습니다. 그러나 그때까지만 해도 본인이 직접 기르기보다는 대부분 전문적인 사육인을 고용해서 즐기는 정도였습니다.

명품과도 같은 자기과시용 사치성 취미

오사카, 교토, 하마마츠, 요코하마, 도쿄 등 예부터 금붕어 양식으로 유명하던 지방을 중심으로 각각 지역과 개체마다 특징 있는 난주의 사육 기술이 점차 완성되어 오늘날 난주 사육의 기초가 형성되었습니다.

19세기에 들어와서 사육방법은 더욱 발전되었으며 그 정점은 동경올림픽(1964년)이었습니다. 그때부터 열대어 사육 붐이 시작됐으며 그에 따른 새로운 사육기구나 어병 약도 발전했습니다. 그 영향으로 난주 사육기술도 향상되고 생산도 늘어서 일반인도 예전보다 비교적 쉽게 난주를 접할 수 있게 되었습니다.

이때부터 난주 사육 붐이 일어났으며 각 지역에서는 동호인들의 모임이 형성되기 시작하였습니다. 그중에서도 난주종가(蘭鑄宗家) 이시카와(石川)가(家)에서 주관하는 '관어회(關魚會)'는 1885년 제1회 품평회를 개최하기에 이르렀습니다. 관어회는 현재까지도 그 전통을 이어가는 일본 최고의 난주 애호회로서 발전해왔으며 현재도 매년 개최되고 있습니다. 또한 전국 난주 애호가의 친목 도모와 난주 선발의 통일된 기준을 협의하기 위한 모임인 **일본난주협회(日本難鑄協會)**를 창설되었으며 이 협회에서 주관하는 '전국난주품평대회(全國蘭鑄品評大會)'가 매년 11월 3일(문화의 날) 개최됩니다. 개최 장소는 동부, 중부, 서부로 오사카, 나고야, 도쿄로 해마다 서로 순환 개최됩니다.

◎ 蘭鑄指南

난주의 계통은 난주 종가의 종가혈통(東京王子의 石川宗家), 오지마계(尾鳥系 현재는 수가 적어졌지만, 혈통은 적게나마 유지되고 있습니다.) 그리고 우노계(宇野系 : 교토의 宇野仁松씨가 계승한 물고기로 우노라 불립니다.) 위의 세 계통이면 품평회를 목표로 하는 종어의 후보로 무난하다고 생각합니다. 단지 우노 계통은 꼬리형태의 퇴화로 일본 난주협회 등의 입상을 목표로 하기에는 쉽지 않다고 생각합니다.

2. 난주의 부위별 명칭

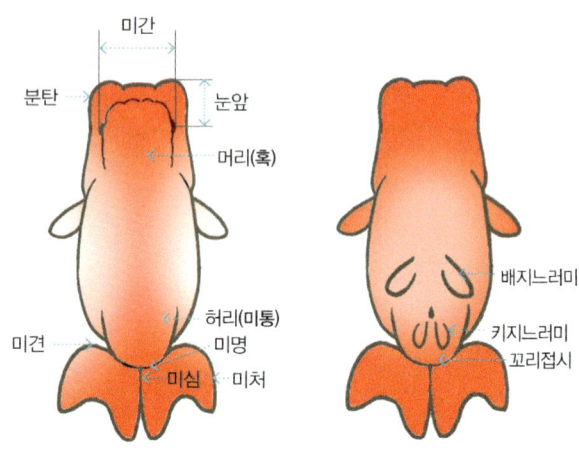

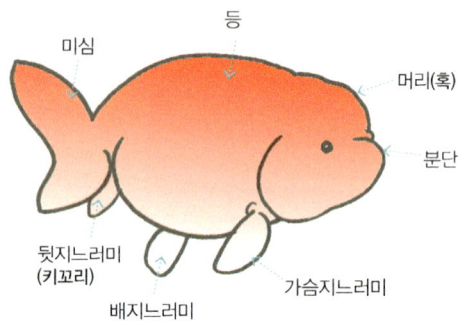

3. 무늬 패턴에 따른 명칭

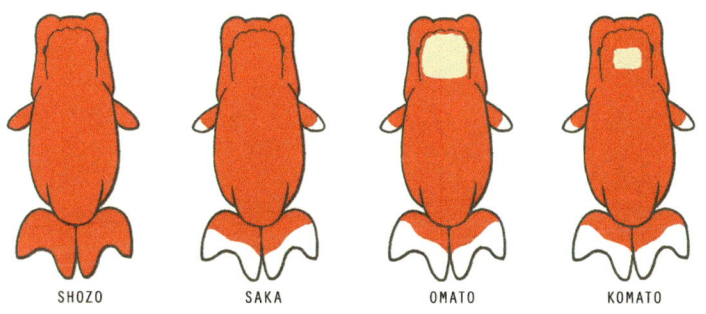

- ◎ 猩猩(Shojou)   전체가 빨간 색상의 난주입니다. 우리는 홍난주라 불립니다.
- ◎ 素赤(Saka)   흔히 볼 수 있는 색상의 난주로 지느러미 끝이 흐립니다. 우리는 소적이라 부릅니다.
- ◎ 大窓(Oomato)   두건에 흰 무늬가 크게 있는 난주를 말합니다. 그것이 큰 창문 같아서 대창이라 불립니다.
- ◎ 小窓(Komato)   두건에 흰 무늬가 작은 난주를 말합니다. 그것이 작은 창문 같아서 소창이라 불립니다.

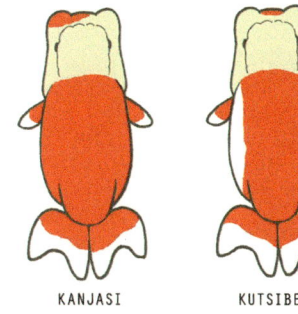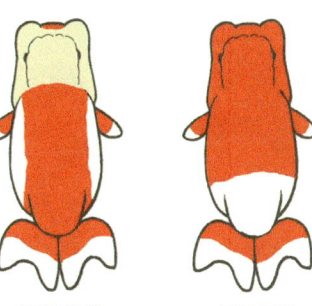

- ◎ Kanjasi   분탄 중 한 곳에만 빨간 점이 찍힌 것을 말합니다.
- ◎ 口紅(Kuchibeni)   입술연지를 뜻하는 말로 입술에 빨간색이 있는 개체입니다. 우리는 구홍이라 부릅니다.
- ◎ 面白(Mansiro)   머리가 하얀 난주입니다.

KATSBUSI　　ICHIMONZI　　AZKISARASA　　MENKABURI

- ◎ Katsubusi　　머리에서 꼬리까지 붉은 무늬가 일직선으로 내려온 것
- ◎ 一文字(Ichimonji)　　머리앞부분에서 입술까지 일자로 된 빨간 무늬를 가진 개체를 말합니다.
- ◎ 小豆便使(AzkiSarasa)　　작고 붉고 점무늬가 몸 전체에 퍼진 것. 흔히 사라사라 부릅니다.
- ◎ 面波(Mankaburi)　　머리 전체가 빨간 것을 말합니다.

TANCHO　　HINOMARU　　ROKURIN　　HAKU

- ◎ 丹頂(Tanchou)　　단정금붕어 같이 정수리에 빨간 무늬가 들어간 개체입니다. 우리는 단정이라 부릅니다.
- ◎ 日丸(Hinomaru)　　등에 붉고 둥근 무늬가 있는 개체를 말합니다.
- ◎ 六鱗(Rokurin)　　흰 몸에 입, 아가미, 지느러미, 꼬리 등 여섯 곳에 붉은색의 무늬가 들어간 개체입니다.
- ◎ 白(Haku)　　온몸의 채색이 흰색인 난주 우리는 백통이라 부릅니다.

4. 형태

① 꼬리

◎ 좋은 꼬리를 만드는 것이 난주 사육의 핵심이라 할 수 있습니다.
◎ 꼬리는 유전과 환경의 영향을 많이 받습니다.
◎ 작은 수조의 과밀사육 그리고 잘못된 여과기나 강한 에어레이션은 필요 이상의 헤엄과 좁은 곳을 한쪽으로 반복적으로 헤엄치다 보면 꼬리 끝 부분이 말리거나 접힐 수 있습니다.

1차적으로 좋은 부모에게서 좋은 꼬리가 나옵니다. 특히 수컷의 영향을 많이 받습니다. 2차적으로는 수심과 수류, 그리고 수조의 넓이가 중요합니다. 좋은 꼬리를 만들기 위한 환경은 적당한 넓이의 수조에서 여유 있는 적당한 마릿수로 편안한 사육할 할 때 좋은 꼬리가 만들어지고 유지됩니다.

▶ **좋은 꼬리의 기준**

첫째, 몸에 비해 작은 꼬리가 좋습니다. 큰 꼬리는 근친으로 인한 퇴화로 여겨져서 선호하지 않을뿐더러 고급스러워 보이지 않습니다.

둘째, 미견의 형태가 활 모양으로 힘도 있어서 헤엄치면 마치 채찍처럼 부드럽고 유연하게 살짝 오므라지지만 멈추면 본래의 형태로 펼쳐지는 것이 좋은 형태의 꼬리입니다.

셋째, 형태는 네 꼬리가 좋습니다. 네 꼬리의 기준은 꼬리 끝에서 미심의 2/3지점까지 갈라진 것을 기준으로 정하지만 1/3까지도 인정됩니다.

② 머리(육류와 분탄)

◎ 머리의 육류 형태는 특히 수컷이 유전에 많은 영향을 끼칩니다.

머리는 육류가 얹어질 기본토대가 중요한데 치어기 때의 선별 안목이 중요합니다. 전반적으로 머리가 크고 넓은 치어를 고르는 것이 좋고 또한 눈앞이 긴 치어를 선택하는 것이 좋습니다.

머리가 넓어야만 육류가 붙더라도 볼륨감 있게 붙게 됩니다. 또한, 치어 때부터 눈앞이 길게 보이는 것은 선천적으로 분탄 발달이 좋은 개체입니다.

이런 기본 토대는 부모로부터 받은 유전형질에 그 기반을 둡니다.

◎ 치어 시기의 수질과 급이량과 종류에 따라서 큰 차이가 납니다.

- **사자머리**같이 머리 전체에 육류를 잘 발달시키려면 청자시기부터 급이를 많이 하고 청수에서 키우면 머리 전체적으로 혹이 많이 발달합니다.

- **두건형**이나 **용두형**은 세심한 관리가 필요합니다. 특히 인공사료보다는 브라인쉬림프나 냉동 장구벌레 등을 급이 하는 것이 좋습니다.

◎ 색깔이 전까지 주식으로 장구벌레를 먹이면 분탄 발달에 좋습니다.

③ 미통(尾桶)

◎ 체형은 암컷의 영향을 받습니다.

치어기 때부터 몸만들기가 시작됩니다.

전반적으로 굵은 개체를 만들기 위해서는 충분한 급이가 중요하고 그에 따라 적당한 청수 사육도 중요합니다. 청수에서는 난주가 배고픔을 덜 느끼기 때문에 먹이를 찾는 활동이 다소 적어집니다.

적절한 환수로 장을 자극하고 좋아하는 먹이를 충분히 급이하면서 운동을 다소 억제시키면 미통이 얇은 개체라도 어느 정도 개선될 수 있습니다.

하지만 수조가 좁으면 운동부족이 돼서 비만으로 되는 경우가 많고 반대로 필요 이상으로 넓으면 헤엄을 많이 쳐서 미통이 얇아질 수 있습니다.

◎ 보통 굵은 미통을 가진 난주는 온몸으로 헤엄치는 경우가 많은데 품평회에서는 실격입니다.

④ 등(등의 폭)

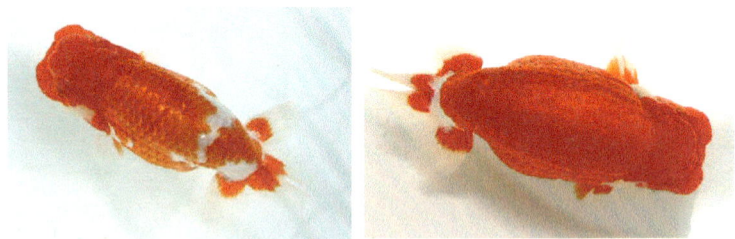

같은 두께로 전체적으로 둥그스름하고 긴 느낌으로 보이는 형태가 좋습니다.

(좌상부터 시계방향으로) haku, koshijiro, kanzashi, komado

⑤ 등 선의 모양

오랫동안 난주의 중요한 특징 중 하나인 깨끗한 반달 모양의 등선은 우락부락한 머리의 육류와 더불어 난주의 큰 특징 중 한 부분이었습니다. 매끈하게 호를 그리며 깔끔하게 떨어지는 등선은 난주의 귀여움을 더욱 부각시키는 역할을 했지만 최근 유행하는 등선은 머리에서 허리까지 수평에 가깝게 흐르다가 허리부터 꼬리의 미명으로 부드럽고 완만한 곡선의 형태로 바뀌고 있습니다.

현재 완벽한 곡선은 중국 난주에서 볼 수 있고 이것은 과거 일본에서 유행되던 형태가 전해져서 고정된 것이라 생각할 수 있습니다. 최근 태국에서는 더욱 급격한 곡선을 가진 'lionchu'라는 개체를 고정시키는 작업이 진행되고 있습니다.

일본 난주의 등 선

중국 난주의 등 선

⑥ 배의 모양

감자배(좌). 배와 꼬리 사이가 먼 경우(우)

◎ 배의 모양은 사료와 급이량에 따라서 밀접한 관계가 있습니다.

치어기부터 청자 때까지는 너무 먹이면 좋지 않습니다. 흑자 때부터 적절히 급이 하면서 배의 모양을 다듬어가야 하고 배와 꼬리의 간격을 좁히는 것이 중요합니다. 이 과정을 '**배를 붙인다**'고 표현합니다.

흑자 때 급이량이 부족하면 우측의 사진에서 보듯이 배와 꼬리의 간격이 멀어집니다. 또한, **치어 때부터 사료 위주로 급이 하면 배만 볼록한 형태의 소위 '감자배'가 됩니다.** 가능한 장구벌레를 중심으로 꾸준히 급이 했을 때 배의 기초도 잘 만들어지고 비만도 방지할 수 있습니다.

옆에서 봤을 때 체형이 긴 경우는 배도 그에 맞게 얇고 날씬한 것이 좋고 둥근 체형은 그에 맞춰서 등과 배의 모양이 둥그스름한 것이 보기 좋습니다.

좋은 배의 형태는 **달걀 모양(암컷)** 혹은 **대추 모양(수컷)**과 같은 것이 좋습니다. 치어 때부터 작고 좁은 수조에서 사료만 먹고 자란 난주들의 경우 아무래도 비만형이 많습니다.

02
난주의 계통

조선(朝鮮)에서 전해진 **마루코(丸子)**[1]라는 금붕어에서 오늘날의 난주가 만들어졌습니다. 그러나 오랜 세월 동안의 선별의 결과로 완성된 난주의 유전형질은 열성입니다. 따라서 기준에 맞는 엄격한 선별로서 종의 특성을 유지하지 않으면 쉽게 특징을 잃어버리고 조상인 화금이나 일반 붕어로 됩니다.

이런 이유가 난주를 선별하는 이유이고 선별 도태만이 난주의 품종을 유지하는 최선의 방법입니다.

1. 계통 분류

현재 난주의 계통은 크게 나누어 **종가(宗家) 계통, 교토 계통**(우노계), 그리고 **오사카 계통**의 3종류 분류합니다.

---

1 세 꼬리로 등지느러미가 없고, 머리의 육류도 없습니다(**현재의 오사카 난주와 비슷함**).

① 종가 계통

대대로 **토쿄**(東京)에서 금붕어 양식을 하던 300년 전통의 이시카와(石川) 양어장에서 작출되는 난주로서 몸집이 큰 하마마츠(紅松) 계통과 꼬리를 중시하는 오카야마(岡山)계통의 장점만을 받아들여 만들어진 계통입니다.

현대의 난주 형태의 기준입니다. 유전형질이 안정되어 있고 사육자의 실력과 노력에 따라 우량개체가 만들어지기 때문에 일본의 브리더와 마니아들에게 인기가 높습니다.

현재 대한민국난주협회의 난주 혈통도 종가계통의 난주를 개량시키고 있습니다.

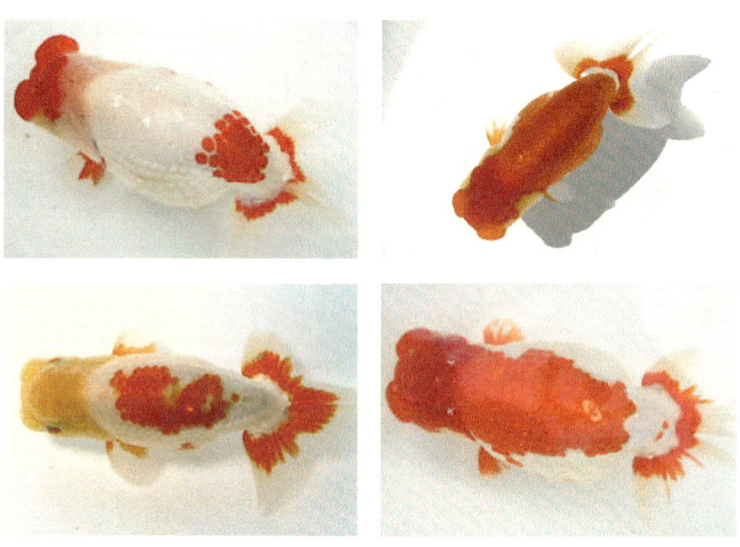

② 교토 계통

우노진마츠(宇野仁松) 씨가 종가계통과 다른 전통을 기반으로 작출한 계통으로 깔끔하고 산뜻한 몸의 색감과 잘 발달한 육류가 특징입니다.

종가계통이 큰 덩치를 만들기 위해 인공적인 사육을 많이 사용한다면 우노계통은 자연 친화적인 전통적인 사육방법을 고수하고 있습니다. 따라서 자연의 섭리에 맞는 사육으로 건강하게 오래 기르는 것을 중요하게 여깁니다. 그래서 종가계통에 비해서는 크기도 작고 보통 3세가 돼서야 우노계통의 특징이 보이기 때문에 인기가 조금 떨어지지만 5~6세 이후의 완성된 개체의 경우 우노계통만의 훌륭한 매력을 볼 수 있습니다. 예전에는 머리에 비해 꼬리가 약했는데 최근 종가계통을 받아들여 꼬리를 보완하고 있습니다. 일본에서만 볼 수 있고 종가계통에 비해서 인기는 적지만 꾸준히 발전하고 있습니다.

③ 오사카 계통

조선(朝鮮)에서 전래된 마루코(丸子)를 개량하여 고정시킨 품종으로 현재 **난주와 남경의 원형**이라 할 수 있습니다.

전쟁으로 멸종됐다가 어렵게 복원됐습니다.

전반적으로 달걀 모양의 체형에 등지느러미는 없습니다. 머리의 육류가 없어서 남경과 비슷합니다. 각 지느러미, 꼬리 입, 뺨 등 여섯 부분의 붉은색인 육린(六鱗)을 우량품종으로 여깁니다. 꼬리는 세 꼬리로서 다소 긴 편입니다.

근대 난주의 등장으로 인기가 급락한 품종이지만 **에도시대(江戶時代)의 전통을 계승**하는 의미로 애호가들이 유지하기 위해 노력하고 있는 진귀하고 의미 있는 품종입니다.

2. 세계의 난주

① 일본계통

전통의 계승과 보존을 중시하는 의식과 더불어 시대의 유행에도 걸맞은 우수한 난주를 만듭니다. 지역마다 장인정신으로 금붕어를 생산하는 전통적 전문 양어장과 작품성 있는 개체를 만드는 개인 사육자들이 많습니다.

지역별로 오래된 연구회가 동부, 중부, 서부지방으로 나누어져서 서로 경쟁하며 좋은 난주들이 많이 작출 되고, 지역마다 난주를 알리고 동호인들을 모집하면서 가을부터 각 지역의 연구회마다 품평회가 열리는 등 지역과 전국적으로 품평회가 활발히 개최하여 서로의 난주를 비교 연구하며 교류합니다.

위에서 감상하는 기준에 따라서 헤엄을 중시하고 균형미를 중요시합니다. 동경만 해도 난주 사육 동호인이 4,000명 정도이고 그 중 오랜 경험의 베테랑이 10% 정도 되기 때문에 난주에 연관된 부가 산업도 동시에 성업을 이루고 있습니다.

② 중국 계통

금붕어의 원산지로 금붕어를 좋아하는 정서와 더불어 최근 국가 주도의 산업육성정책에 힘입어 과학적으로 관리되는 대규모 산업으로서 나날이 발전하고 있습니다.

중국 난주의 특징은 일본의 6~70년대 스타일을 개량 발전시킨 것으로서 유리 수조에서 감상하는 그들의 사육문화에 맞게 듬직하고 귀여운 느낌을 강화시켰습니다.

일본은 선별과정에서 꼬리를 중심으로 까다롭게 격식과 체형을 중시해서 계통을 다듬는 사육이라면 중국은 넓은 공간을 이용한 여러 가지 실험과 결과물을 얻을 수 있습니다. 그 결과 여러 가지 형태와 다양한 색상을 가진 난주들을 작출 할 수 있게 되었습니다. 특히 무늬와 채색에서 흑백(黑白), 삼색(三色), 다색(茶色), 청색(靑色), 오색(五色) 등 여러 가지 아름다운 색상과 무늬를 가진 난주를 계속 작출하고 있습니다. 최근에는 일본에서 건너간 사육자들이 만드는 일본 계통의 난주도 많이 만들어지고 있습니다.

③ 동남아 계통

천혜의 환경과 온화한 기온 등 금붕어의 성장에는 최적의 자연조건과 사육 기술도 뛰어나서 좋은 금붕어들이 많이 생산됩니다.

대표적인 생산기지는 태국이지만 근처의 말레이시아, 베트남 인도네시아 등지에서도 대규모 양식장 중심으로 생산되고 일본이 직접 진출한 난주 양어장도 활발히 운영되고 있습니다.

재밌는 것은 겨울이 없어서 번식이 어렵기 때문에 동면한 난주나 알을 일본에서 전량 구입해서 번식시킨다고 합니다.

태국, 싱가포르, 말레이시아, 인도네시아, 대만 등 동호인 중심의 품평회가 매년 열리며 일본의 저명한 브리더(breeder)들이 직접 참관 지도합니다. 대부분 일본 난주 계통으로 우수한 개체를 볼 수 있습니다.

최근 태국에서 작출 된 'Lionchu'라 부르는 개체는 일본과 중국 난주의 장점을 결합한 매우 상업적인 스타일로 더욱 깔끔하고 세련된 형태를 보여주는 등 난주 생산에 대단한 자신감을 느낄 수 있습니다.

百聞不如一見

"난주 사육은 가볍게 대충할 수도 있지만 제대로 하려면 그에 따른 필요한 준비와 관리 방법을 미리 알아둔다면 훨씬 즐거워집니다.

난주는 날 때부터 소중하게 관리되었기 때문에 코멧이나 화금 혹은 네덜란드 사자 머리 같은 금붕어에 비하면 다소 약한 것은 사실입니다. 난주에 맞는 여러 가지 준비를 적절하게 한다면 본연의 아름다움을 아낌없이 보여 줄 것입니다."

PART 2
난주 사육의 기본

01
사육에 필요한 기구

시작은 생각보다 아주 쉽습니다. 보통 유리어항은 물론 물을 담을 수 있다면 어떤 소재의 용기라도 상관없으며 일반 열대어를 사육하던 기본적인 기구 정도만 갖춰있어도 충분합니다. 그러나 진지하게 난주를 사육하려는 마음이라면 쓰임새를 정확히 알고 준비하는 것이 중복 과잉 투자 없이 난주 사육에 실질적인 도움이 됩니다.

1. 수조

대부분의 수족관에 판매되는 수조는 측면감상을 위한 수조입니다. 대부분 아로와나 종류나 디스커스 등의 고급 어종을 기를 경우 그 물고기의 사육 특성에 따라서 수조의 형태가 달라지는데 난주도 같습니다. 중국 난주의 경우는 측면 감상용으로 만들어졌기 때문에 유리수조도 상관없습니다만 가능하다면 수조의 높이는 40cm 이하를 추천하고 길이에 비례해서 폭이 넓은 것이 더 좋습니다.

일본 난주의 경우는 위에서 관상할 수 있는 수조가 좋습니다. 1000×800×300 정도의 수조라면 당세어 3마리 정도를 무난히 기를 수 있습니다.

① 유리 수조

장점이라면 초보자인 경우 난주 관찰에 적합해서 더욱 친밀해지기 쉽습니다.

단점은 난주의 **눈이 튀어나오는 개구리 눈**이 된다는 것입니다. 유리 수조가 안경의 렌즈 역할을 해서 밖을 쳐다보는 난주의 눈이 자꾸 튀어나온다는 것입니다. 방지하기 위해서 수조의 삼면(三面)을 가리는 것이 약간의 도움이 됩니다.

② 수지 수조

PVC

우리나라에서 구할 수 있는 가장 손쉬운 것은 PVC 수조나 ABS 합성수지로 만든 수조입니다.

장점으로는 자신의 사육공간에 맞춰서 주문 제작해서 사용합니다. 비교적 저렴하고 색상 선택도 자유롭고 가공도 용이한 편입니다. 특히 난주를 사육하는 데 전혀 문제가 없습니다. 단점으로는 내구력이 약해서 이동 시 주의해야 합니다. 특히 ABS는 햇빛에 장기간 노출되면 약해지는 단점이 있습니다.

FRP 수지로 만든 것이 내구력 등 여러모로 장점이 많지만, 개인이 쉽게 구입하기에는 비용이 많이 드는 편입니다.

수조는 가로세로 200cm를 넘지 않은 것이 좋고 깊이는 40cm를 넘지 않는 것이 좋습니다.

FRP

수조의 크기는 최소한 1,000cm×800cm 정도의 되어야 난주의 아름다움을 감상할 수 있는 최소 크기라 생각합니다.

개인의 취향에 따라 다르지만 가능하면 정사각형에 가까운 형태의 수조가 난주 감상에 좋은 것 같습니다.

③ 기타

난주가 쾌적하게 생활할 공간이 주어진다면 어떤 것이든 관계없지만 **둥근 형태의 수조에서는 오랜 시간 기르기에는 문제가 있습니다.**

커다란 자배기라 할지라도 난주가 수조의 외면을 따라서 헤엄칠 수 있습니다. 그러면 토좌금 같이 꼬리의 반전이 생겨서 난주의 꼬리 기준에서 벗어나기 때문입니다. 따라서 아주 큰 풀장의 경우가 아니면 적합하지 않습니다.

그 외에 돌이나 나무로 만든 구유도 가능합니다.

혹은 나무나 벽돌 혹은 시멘트 블록으로 틀을 짜고 방수 천이나 두꺼운 비닐을 이용하여 수조를 만들 수도 있는데 견고하고 오래 사용할 수 있습니다.

그 외에 외장 제인 화강암 조각이나 샌드위치 패널 등 어느 것이나 가능합니다만 가능한 **열전도가 낮고 단열효과가 있는 것**이 좋습니다.

A 타포린 간이 수영장

수온이 높은 여름에서 가을까지 난주의 성장을 위한 수조로는 사용 가능합니다. 수량이 많고 넓어서 잘 연구한다면 요긴하게 사용할 수 있습니다. 내구력이 약한 것이 흠입니다.

B 고무 다라

저렴하고 튼튼하고 구하기 쉬운 소재입니다. 작은 것에서 아주 큰 1ton 정도의 대형도 있습니다. 실용적으로 사용할 수는 있지만 난주의 감상과 격에는 맞지 않기 때문에 권하지는 않지만 번식용 등 나름대로 다양한 용도로는 효과적입니다.

C, D 이동식 화분

난주를 사육하기에 적당한 크기와 재질 그리고 내구성을 갖고 있습니다. 다양한 모양과 색상이 있어서 취향대로 선택의 폭도 다양한 편입니다. 단점이라면 화분용도로 제작됐기 때문에 바닥을 가공해서 사용해야 합니다.

E 대리석 화분

건물 외장재로 사용되는 대리석으로 만든 장식용 수조입니다. 외국의 경우 흔히 볼 수 있는 수조로서 크기도 자유롭고 보기도 좋습니다.

F 플라스틱 수납 케이스

소규모로 치어 몇 마리를 기를 수 있는 크기입니다. 가격이 저렴하고 구하기도 쉽지만 크기가 작아서 본격적인 사육은 힘듭니다. 간이용 치어사육으로는 가능합니다.

◎ 난주 수조의 수위가 낮은 이유는 난주의 형태적 특성을 유지하는 중요한 조건입니다. 수조가 너무 넓거나 깊으면 필요 이상으로 헤엄을 많이 치게 돼서 꼬리는 오므라들고 미통도 얇아지기 때문에 좋지 않습니다. 또한 치어 때 수위가 깊으면 미심이 서버리고 반대로 너무 낮으면 미심이 누워버린다고 하는데, 이 부분은 확실히 대조군으로 비교 실험한 것은 아니지만 참고할 만한 사항입니다.

분명한 것은 수조는 작은데 급이량 많으면 운동량이 적기 때문에 비만어가 되기 쉽고 한쪽으로 헤엄치기 때문에 성장함에 따라서 꼬리가 망가지는 경우가 발생할 수 있습니다. 전통적인 난주 수조의 크기는 180cm×180cm에 난주 2~3마리라 전해집니다.

2. 여과기

난주 사육은 넓은 수조에 적은 마릿수를 기르고 잦은 환수로 사육하기 때문에 원칙적으로 여과기는 고려하지 않습니다. 그러나 주어진 상황에 따라 여과기를 사용해야 하는 경우도 적지 않기 때문에 난주에 적합한 여과기를 알아두는 것도 도움이 됩니다.

난주는 일반 열대어에 비해서 신체 대사량이 크다는 것을 잊으면 안 됩니다. 그렇기 때문에 제아무리 고급 여과기를 사용한다 해도 빈번한 여과기 청소와 환수는 반드시 필요합니다. 어떤 여과기를 사용하든 관계는 없지만 흡수(吸水)나 출수(出水) 때 수류가 강하게 발생하는 것은 피하는 것이 좋습니다.

품평회용의 난주를 만드는 경우에도 여과기를 사용할 수 있지만 좋은 결과를 원한다면 잦은 환수도 같이 하는 것이 좋습니다.

① 물리적 여과

물리적 여과의 기본개념은 오염물질을 여과기의 용량만큼을 제거(청소)될 때까지 모아두는 것입니다.

여과재로는 일반적으로 화학솜이나 혹은 거친 스펀지가 많이 사용되며 고급 여과재로는 시포락스, 바이오맥스, 에피섭스트라이트 등의 신소재(소결 유리제)를 사용해서 만든 여과재가 좀 더 효과적입니다.

물리적 여과의 핵심이라면 여과재의 효과적인 배열입니다. 첫 번째 큰 찌꺼기를 거르는 거친 여과재 그리고 다음은 중간크기의 여과재 마지막에는 미세한 여과재 등 순차적으로 적절하게 배열했을 때 제대로 된 성능을 발휘합니다.

② 생물학적 여과

물고기는 암모니아 형태로 배설하는데 다행히도 수조 안에 서식하는 나이트로소모나스라 알려진 유익한 박테리아가 이것을 분해해서 덜 해로운 아질산으로 바꿉니다. 이 아질산은 또 나이트로박터라는 세균이 질산염으로 바꿔줍니다. 현재까지 질산염을 제거하는 방법은 환수가 유일한데 다행히 금붕어나 잉어 종류는 질산염에 강합니다.

박테리아는 여과기뿐만이 아니라 수조의 어디에나 서식하고 그들의 먹이(**암모니아, 아질산**)와 항상 적절한 균형을 이루고 있습니다. 즉 먹이가 많아지면 숫자가 늘어나고 소비하고 나면 줄어들게 됩니다. 그러므로 한 수조 안에 필요 이상의 여과기를 설치하는 것보다는 규칙적인 여과기의 관리가 중요한 것입니다.

③ 화학적 여과

색소가 들어간 사료로 인하여 수조의 물이 누르스름한 색을 띠는 경우 혹은 약제 등의 유해 성분을 제거하는 경우에 사용되는 방법입니다. 주로 카본이나 활성탄 등의 소재를 사용한 필터가 많이 사용됩니다. 여과재의 유효기간은 3~4주가 한계입니다. 이 한계를 넘지 않도록 관리하는 것이 아주 중요한데 유효기간이 넘어가면 도리어 오염물질을 배출하기 때문입니다.

시중에 판매되는 여과기 중 활성탄이 들어간 필터가 내장된 여과기의 경우 유효기간이 지나면 필터를 반드시 제거해야 합니다.

◎ 상면 여과기(물리적 여과/화학적 여과/생물학적 여과)
여과제의 종류를 다양하게 설치할 수 있고 특히 청소가 편리합니다. 따라서 금붕어와 같이 배설물이 많은 어종에 효과적입니다.

◎ 외부 여과기(물리적 여과/생물학적 여과/화학적 여과)
여과제를 효과적으로 배치하면 좋은 여과 효과를 기대할 수 있습니다. 금붕어는 배설물이 크고 많기 때문에 방심하면 위험합니다. 몇 대를 연결해서 사용하면 효과가 극대화됩니다.

◎ 저면 여과기(물리적 여과/생물학적 여과)
분진이 적어서 물이 깨끗해 보이지만 보이지 않는 위험이 발생할 수 있기 때문에 반드시 정기적인 바닥 청소는 필수입니다.

◎ 스펀지 여과기
여과 보다는 미세한 분진흡수와 박테리아 서식처 제공이 주된 목적입니다.

◎ 내부 여과기
수조 바닥에 가라앉는 형태로서 에어펌프로 작동합니다. 스펀지 여과기와 같이 분진제거가 목적입니다. 박스 형태로 돼서 찌꺼기를 보다 많이 거를 수 있습니다.

여과기

3. 히터

금붕어는 온대성 어류지만 저수온에 적응할 수 있습니다. 난주도 마찬가지로 자연스러운 사육을 한다면 히터는 필요가 없지만 다음 두 가지 이유로 히터를 사용합니다.

첫째, 번식과 성장을 위한 목적입니다. 자연스러운 번식은 수온이 높아지는 4월 즈음이지만 인위적인 번식은 빠르면 1월부터 시작됩니다. 난주가 동면할 때의 수온은 보통 섭씨 5도 전후로 인위적 번식 때문에 잠에서 깨우는 과정으로 미세하게 수온을 올려주면서 계절 변화를 느끼게 해주는 것이 중요합니다. 이때 일반 보급형 히터로는 미세 조절이 어렵기 때문에 정밀한 고급히터나 별도의 온도조절기가 사용됩니다.

둘째, 질병을 치료를 목적으로 수온을 올려서 치료하는 경우가 있습니다. 치료를 목적으로 사용하는 경우는 대부분 20도 이상의 온도를 필요로 하기 때문에 시중의 일반 히터를 사용해도 무방하지만 저가품은 간혹 온도센서의 오작동으로 오히려 인하여 난주가 죽는 경우도 있기 때문에 잘 선택해야 합니다.

① 히터

온도 조절능력은 없고 오직 발열 부위만 있습니다. 확실한 열전도를 하기 때문에 성능 좋은 온도조절기와 같이 사용하면 만족할 만한 효과를 얻을 수 있습니다.

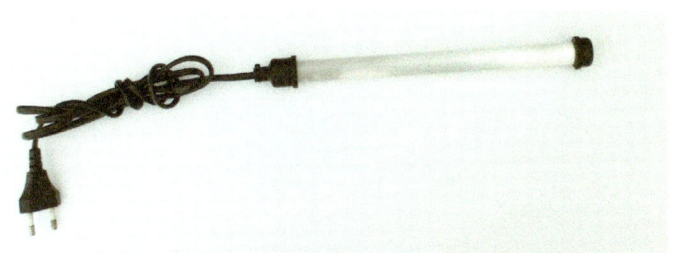

② 자동 온도조절히터

수온 16~35℃ 사이의 수온을 조절할 수 있습니다. 4월 이후 치어 사육 시 20℃ 전후 온도를 유지하기 용이하고 또는 질병 치료 시 사용합니다. 시중에는 여러 가지 가격대의 제품이 판매되고 있습니다. 고가의 히터가 안전성과 내구력이 뛰어나고 수명도 긴 편입니다.

③ 온도조절기

아날로그와 디지털 제품이 있습니다. 5℃ 이하의 낮은 수온부터 90℃ 이상의 높은 온도까지 조절할 수 있습니다.

02
사육과 관리

1. 물(飼育水)

난주를 만드는데 가장 중요한 것은 두 가지 물과 급이입니다. 둘 중 더 중요한 한 가지를 고르라 한다면 주저 없이 물이라 하겠습니다. 왜냐하면, 급이가 부족해도 난주는 결코 죽지 않지만 물이 망가지면 죽음과 연결되기 때문입니다. 물 관리에 따라서 난주는 크거나 작기도 하고 체형은 뚱뚱해지거나 혹은 날씬해질 수 있는데 그 이유도 물에 있습니다.

좋은 물에서 양질의 먹이를 규칙적으로 급이 할 때 난주는 무럭무럭 자라게 됩니다. 그러나 충분한 급이는 충분한 환수를 담보로 한다는 것을 잊으면 안 됩니다. 만일 물 관리에 자신이 없다면 여과기를 사용하고 급이를 억제하는 것이 현명한 난주 사육의 방법입니다.

난주를 품평회에 출전시키려면 하루 3~4시간 간격으로 6~8회의 급이를 하면서 여름의 경우 매일 100% 이상의 환수를 하는 수고를 감수해야 합니다. 그러나 이것은 생각보다 쉽지 않고 보통의 열정으로는 감당

하기가 쉽지 않습니다. 그래서 난주 사육이 까다롭다고 하는 것입니다. 난주를 잘 기르려면 먼저 욕심을 버리고 자신의 상황에 맞는 사육법을 찾는 것이 중요합니다. 먼저 규칙적인 관리로 차분하게 일 년을 기르면서 올바른 사육 방법을 익히고 경험을 쌓는 것부터 해야 하는데

그 중 가장 먼저 공부해야 할 것이 다름 아닌 물 관리입니다.

1) 물의 종류

어떤 종류의 물이 특별히 좋거나 나쁜 것은 없습니다. 자신이 쉽게 사용할 수 있는 물을 우선 파악하고 있는 것이 먼저입니다.

① 수돗물

pH7 정도의 중성으로 어떤 어종에도 적응하기가 쉽고 물 조정도 용이하기 때문에 좋습니다. 특히 식수이기 때문에 항상성을 갖고 있어서 좋습니다.

◎ 아파트거주의 경우 물탱크 청소 후 1~2일만 주의해야 합니다.

② 지하수

대체로 경수가 많아서 연수나 중성의 물에 익숙했던 난주는 pH 쇼크가 올 수 있기 때문에 반드시 물 맞댐을 신중히 해줘야 합니다.

◎ 경수에는 칼슘을 비롯한 여러 가지 미네랄을 갖고 있기 때문에 난주의 골격형성에는 좋다고 전합니다. 그리고 연수는 성장이 좋아진다고 합니다.

③ 강물, 계곡물, 약수물

사육에는 권하고 싶지 않은 물입니다. 자연의 갑작스러운 변화를 예측, 대응할 수 없고 주변 상황에 따라서 난주에게 해를 끼치는 해충이나 기타 독극물 등의 유입 가능성 등 여러 가지 위험요소가 있습니다.

2. 사육수

① 청수의 실체

난주는 청수에서 키워야 하는 것으로 오해하는 경우가 많은데 실상은 적당한 수온에 급이를 많이 하고 햇빛에 오래 노출되면서 과다증식한 식물성 플랑크톤이 만드는 자연스러운 상황입니다.

어느 정도의 청수는 당세어 이상을 키울 때는 긍정적인 효과도 많지만, 오히려 치어를 키우는 과정에서는 좋지 않습니다. 그리고 동면 때의 청수는 진하지만 다른 때는 맑게 우려낸 녹차 색 정도의 아주 흐리고 옅은 녹색입니다.

초가을의 청수. 동면 중의 청수

② 청수 만드는 방법

실내로 유입되는 햇빛과 수조의 조명 등으로 하루 약 10시간 정도 점등해주면 자연스럽게 청수가 됩니다. 그러나 관상이 목적으로 유리수조에서 기르는 경우 굳이 청수를 만들 필요 없습니다. 청수 사육의 목적은 동면과 난주의 채색을 위한 것이기 때문입니다.

간혹 청수가 안 된다는 경우가 있습니다. 청수화 과정 중 물에 백탁이 오는데 열대어 사육의 경험이 있는 경우 물이 깨진 생태로 판단하여 환수를 하기 때문에 청수가 되지 않는 것입니다.

청수가 필요한 경우는 베란다나 옥외 같은 장소에서 기를 때 특히 겨울철 동면을 위해서는 아주 중요합니다. 수온이 올라가는 4월부터 9월까지는 맑은 청수에서 기르는 것이 좋고 날씨가 선선해지는 가을부터 추운 3월 봄까지가 진한 청수에서 사육하는 시기입니다. 특히 품평회를 앞둔 추석 무렵인 9월부터 품평회 전까지 난주의 채색을 완성하기 위해 식물성 플랑크톤이 풍부한 청수에서 기르고 색상 강화 먹이를 같이 급이 하면 보다 좋은 색의 난주를 만드는 데 효과적입니다.

또한 겨울의 동면을 나기 위한 청수는 보온과 영양공급에 관계가 있기 때문에 봄의 산란에도 영향을 끼칩니다. 간혹 청수가 갈색인 경우도 있는데 광량 부족으로 생기는 것으로 효과는 같다고 합니다.

◎ 산소 공급이 되지 않고 받아 둔 물은 12시간 이후부터는 변질하기 시작합니다.

실내 조명으로 만든 청수

3. 환수

난주 사육의 특성상 수조의 물은 빨리 오염되기 때문에 온도가 오르고 햇빛이 강해지기 시작하면 햇빛이 잘 드는 사육장인 경우는 4월부터 청수와의 전쟁이 시작됩니다. 보통 오전에 환수한 물이 오후가 되면 벌써 색이 변하고 심한 날은 늦은 오후에는 진해지는 경우도 많습니다.

여과기 없이 사육하는 것도 불안한데, 환수를 하는 시점뿐만 아니라 적정한 환수량도 알 수 없어서 맘먹고 정도(正道)로 난주를 기르려 시도하던 초보 사육자뿐 아니라 어느 정도 사육경험이 있는 분들도 곤란해하는 부분입니다.

필자도 그 부분을 느낌과 경험으로 익히곤 했지만 보다 객관적인 환수의 기준이 필요하다고 느껴서 일본 양어장의 환수 데이터를 참고해서 정리했습니다. 모쪼록 초보 분들의 난주 사육 중 막연한 환수 시점과 환수의 양을 정하는 데 많은 도움이 될 것으로 생각합니다.

난주가 죽게 되는 원인 중 하나가 환수를 잘 못해서입니다. 이것을 참고로 환수한다면 환절기 또는 환수를 잘못해서 애써 기른 난주를 죽게 하는 일이 줄어들 것입니다.

잘 이해하고 숙지해서 자신만의 환수 노하우를 세우는 기초가 되기 바랍니다.

◎ 환수의 타이밍은 물고기가 아니라 물의 상태를 보고 판단합니다. 맑은 날이 좋겠지만 시간이 지체 돼서 오히려 물고기의 컨디션을 망칠 수 있기 때문에 필요하다면 날씨에 상관없이 해야 합니다. 날씨가 안 좋을 때 환수를 해서 걱정된다면 평소보다 먹이의 양을 줄이고, 비만 가려주면 큰 문제가 되지 않습니다. 그러나 저녁의 환수 및 호우 중의 환수 등은 물고기의 컨디션에 나쁜 영향을 줄 수 있기 때문에 좋지 않습니다.

① 환수의 시점

수온이 높은 여름철의 경우에 환수시기를 놓치면 병으로 이어질 수 있으며 반대로 수온이 낮은 경우의 많은 양의 환수는 물의 활성화가 늦어져 난주의 컨디션이 무너지게 되어 병으로 이어지게 됩니다. 수질 악화는 눈으로 판단할 수 있는 두 가지 방법이 있습니다.

첫째, 수면에 퍼진 에어레이션의 기포가 금방 사라지지 않고 지름이 약 60센티미터 밖으로 퍼지는 경우입니다. 물에 불순물이 많아졌다는 증거입니다. 물이 맑은데도 이런 경우가 있는데 첨수나 부분환수를 해주는 것이 좋습니다.

둘째, 난주의 관찰입니다. 항상 급이 전에는 난주의 컨디션 점검이라는 것을 잊으면 안 됩니다. 정상 컨디션의 난주라면 수조가 지저분해 보여도 활발하게 먹이를 찾아서 헤엄치지만 물 상태가 좋아 보이는데 한두 마리라도 이상하다면 전체를 관찰합니다. 그리고 무조건 병이라고 생각하지 말고 먼저 물을 의심하고 환수 등의 조치를 취하는 것이 좋습니다. 모든 병의 시초는 거의 물에서 시작한다 해도 과언이 아닙니다. 환수만으로도 컨디션이 좋아지는 경우가 이것을 증명합니다.

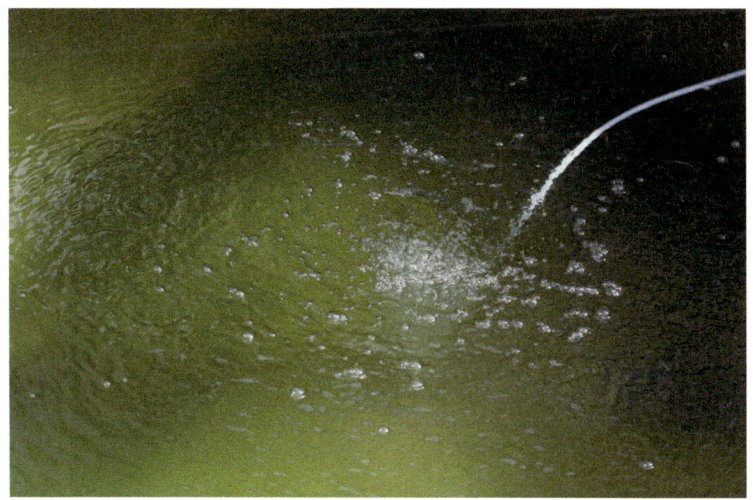

◎ 환경 상황에 따른 환수 및 관리 방법

수온(℃)	환경 상황에 따른 환수 및 관리 방법	
	수온에 따른 환수의 양(量)	청수의 농도에 따른 환수 시기
0~6	**동면기** 증발된 만큼 보충하는 개념이다.	청수 농도가 진해 보여도 환수할 필요는 없다.
7~12	근본적으로 환수는 없지만 만일 하는 경우는 고수(古水)를 많이 사용한다.	농도가 지나치게 진해 보이면 새 물로 청수를 희석하는 느낌으로 환수한다.
13~18	물이 오염된 경우에만 고수와 새물을 50:50으로 환수한다.	아침에 녹차색 보다 진하면 2~3일 이내에 환수한다.
19~24	**번식기** 물이 더러운 경우에 고수(古水)를 많이 사용하여 환수한다.	아침에 녹차색 보다 진하면 1~2일 이내에 환수한다.
25~30	물이 더러운 경우 100% 새 물 환수한다.	아침에 녹차색이면 늦어도 다음날까지는 환수한다.
31~36	사육수가 오염되기 전에 100% 환수한다.	아침에 녹차색이면 당일 환수한다.
37~38	차양을 치고 수온 상승 방지한다.	차양을 치고 수온 상승 방지한다.

② 환수가 난주에 미치는 영향

난주는 환수로 만들어진다고 할 수 있지만 환수의 빈도에 따라 차이점이 있다고 합니다.

예를 들어 100% 환수를 자주 한다면 난주의 교감 신경을 자극해서 식욕과 운동량이 증가하고 성장에 밀접한 영향을 미치게 됩니다. 이런 경우 길이 성장은 가속되는데 몸의 성장 속도에 머리의 육류와 비늘의 발달이 따라가지 못하여 육류는 부족하게 성장하고 비늘은 거칠고 불규칙하게 되는 등 의외의 문제점이 발생할 수 있습니다.

반대로 환수의 횟수를 줄여서 적당한 청수상태인 경우는 안정된 환경으로 자극이 적어서 상대적으로 식욕과 운동량이 감소하여 차분한 성

장을 합니다. 그 결과 몸의 폭은 넓어지며 육류의 발달이 촉진되고 비늘도 조밀하게 만들어진다고 합니다.

이것으로 보면 난주는 환수의 영향을 받는다고 할 수 있겠습니다. 자신이 원하는 난주의 체형이 있다면 그에 따라서 세심하게 물 상태를 살피면서 사육한다면 자신이 원하는 스타일의 멋진 난주를 만들 수 있을 것입니다.

◎ 환수와 난주의 변화

환수를 많이 하는 경우	1. 식욕과 운동량이 증가한다. 2. 길이 성장이 촉진되지만 몸의 두께는 얇아진다. 3. 분탄 발달이 저하된다. 4. 비늘이 약간 거칠게 만들어진다. 5. 운동을 많이 하기 때문에 꼬리 형태가 망가질 수 있다.
환수를 적게 하는 경우	1. 식욕과 운동량이 감소한다. 2. 길이 성장이 억제되며 가로 성장이 넓어진다. 3. 육류의 발달이 촉진된다. 4. 비늘이 미세하게 만들어진다. 5. 운동을 덜 하기 때문에 꼬리 형태가 잘 유지 된다.

③ 월별 환수 방법

환수 횟수는 각자의 방법에서 조금씩 개선해 가는 것이 바람직한데 계절마다 온도 차가 큰 우리나라는 많은 경험이 필요합니다.

초보자를 위해 환수의 횟수에 다소 여유를 뒀습니다. 본인의 사육 여건에 맞춰 환수 횟수를 조정하면서 자신만의 기준을 만들어 가기 바랍니다.

	월별	환수의 횟수	묵은 물 : 새물
	1	0 ~ 1	5 : 1
	2	0 ~ 1	5 : 1
	3	1 ~ 3	1 : 1
	4	3 ~ 6	1 : 5
환수의 횟수	5	5 ~ 9	0 : 1
(이세어 기준)	6	4 ~ 9	0 : 1
	7	6 ~ 9	0 : 1
	8	6 ~ 9	0 : 1
	9	5 ~ 9	0 : 1
	10	3 ~ 5	1 : 5
	11	2 ~ 4	1 : 1
	12	1 ~ 2	4 : 1
	1		
	2		
	3		
	4	6 ~ 9	0 : 1
환수의 기준	5	5 ~ 9	0 : 1
(당세어 기준)	6	4 ~ 9	0 : 1
	7	6 ~ 9	0 : 1
	8	6 ~ 9	0 : 1
	9	5 ~ 9	0 : 1
	10	3 ~ 5	1 : 5
	11	2 ~ 4	1 : 1
	12	1 ~ 2	4 : 1

◎ 난주의 크기를 10cm 정도가 성장이 목표라면 환수의 횟수를 작게 해서 귀엽고 통통한 난주를 만들면서 즐기는 것도 좋습니다. 그러나 품평회를 목표로 12cm 이상으로 성장시키려 하려면 환수를 자주 하는 것이 좋습니다.

4. 먹이

먹이는 크게 인공배합사료, 냉동먹이, 생먹이로 구분합니다.

생먹이나 냉동먹이는 치어 육성이나 품평회용 고급 난주를 만들기 위해 사용하며 대단히 중요한 역할을 합니다. 보통 기르는 경우는 인공 배합사료가 많이 선호됩니다. 여러모로 편리하고 영양적인 측면에서도 우수하기 때문에 냉동먹이나 생먹이와 섞어서 급이하면 좋습니다.

수족관에 가면 여러 회사의 다양한 종류의 사료가 판매되고 있는데 품질은 대부분 비슷한 것 같습니다. 우리나라는 난주 사육인구가 적고 가격 면에서도 부담스럽기 때문에 난주전용사료를 구하기는 쉽지 않은 편입니다.

1) 생먹이

영양이나 위생적인 측면으로 본다면 인공사료가 훨씬 우수합니다. 그러나 많은 양식업자, 브리더(breeder), 그리고 애어가(愛魚家)들은 생먹이의 우수성을 잘 알고 있습니다. 그래서 체형 및 골격이 형성되는 치어시기에 부족함 없이 충분히 급이합니다.

과거에는 자연채취가 가능했지만, 현재는 대부분이 도시화 됐기 때문에 필요하면 직접 배양하거나 채집해야 합니다. 대표적인 생먹이로는 물벼룩, 실지렁이 그리고 브라인쉬림프가 있고 특히 치어시기에 급이 하는 살아 있는 물벼룩이나 브라인쉬림프의 효과는 난주의 장래를 결정짓는 중요한 먹이입니다.

① 브라인쉬림프(알테미아) 多多益善

난주의 경우 '치어 사육단계에 있어서 초기에 급이하는 쉬림프의 질과 양에 따라 난주의 질이 결정된다.' 할 만큼 대단히 중요한 먹이입니다. 시중에 '탈각 아르테미아'를 판매하지만 난주의 치어의 경우는 먹이반응이 약해서 초기성장의 도움이 약합니다.

진공 캔 속에 알의 형태로 들어 있기 때문에 직접 부화시키고 분리해서 먹이는 과정이 복잡하고 번거롭습니다. 여러 나라와 회사에서 만들어지고 있는데 어떤 제품이든 제조 일자가 짧고 싱싱한 것일수록 부화율이 높습니다.

쉬림프 급이의 어려움은 매일 계속되는 부화와 난각(알껍데기)의 분리입니다. 부화 3~4일 된 침자의 경우 난각을 먹으면 소화불량으로 죽게 됩니다. 약 일주일만 조심하면 되니까 초기에 번거롭더라도 여러 번 잘 걸러서 쉬림프만 급이하는 것이 좋습니다.

난주의 경우 **부화 3일 째부터 약 한 달간** 먹이는데 초기의 급이로 인해 가을에 완성되는 난주의 수준이 달라질 정도로 큰 영향을 끼칩니다.

특히 난주 특유의 박력 있는 머리의 분탄과 육류를 만들고 싶다면 부족하지 않게 급이해야 합니다.

◎ 염호(Salt Lake, 鹽湖)에서 서식하기 때문에 치어 수조의 민물에서는 약 3~4시간밖에는 생존할 수 없습니다. 생존 시간을 늘리려면 사육 수조의 물을 0.2% 정도로 염도를 맞춰주면 도움이 됩니다.

◎ 캔이 개봉된 상태의 브라인쉬림프 보관 방법은 방습제와 함께 지퍼 팩에 담고 밀폐 용기에 넣은 후 냉장실 보관이 좋습니다.

◎ 초기부터 생먹이가 아닌 사료 위주로 급이면 간장에 무리가 가서 단명 혹은 싱어가 되었을 때의 돌연사 원인이 될 수 있다고 생각합니다.

◎ 브라인쉬림프 부화방법

준비물
: 브라인쉬림프, 부화통, 천일염, 에어레이션, 조명, 히터

기본 데이터
: 물 10L, 천일염 300g, 브라인쉬림프 알50g,
 (수온 28도에서 20시간~24시간)

- 부화용기는 개인의 상황에 따라서 준비하면 됩니다.
- 적은 양을 부화하는 경우는 5L 정도의 매실통이나 그 이하 크기의 병도 좋습니다.
- 어느 정도의 수온을 필요로 하기 때문에 사진과 같이 에어캡으로 감싸거나 스티로폼 박스에 물을 넣고 용기를 그 안에 넣고 수온을 높여도 됩니다.
- 보통 실온 20도 이상이면 부화가 잘됩니다.
- 수온이 높고 조명이 밝을수록 부화율이 좋다고 합니다만 조명의 효과는 아직 잘 모르겠습니다.
- 적절히 강한 에어레이션은 부화에 도움이 됩니다.
- 대류가 약하면 쉬림프알이 한쪽에 모여서 부화가 안 되는 경우도 있습니다.

❶ 수량(水量)이 많을수록 부화는 잘됩니다.
❷ 종이컵 하나 가득하면 약 150g
❸ 밥 숟가락 하나는 약 10g

◎ 브라인쉬림프 보관방법

준비물

: 수조나 물을 담을 수 있는 통, 적당량의 물, 소금 0.3%, 에어레이션, 약간의 먹이

- 치어가 많은 경우
- 저수온기의 경우는 2~3일 정도 고수온기 초여름은 하루 정도 보관 가능합니다.
- 쉬림프는 원래 급이가 필요 없지만 하루 이상 보관하는 경우 영양강화를 목적으로 급이를 하기도 합니다.
- 쉬림프 먹이로는 물벼룩 배양먹이나 녹조분말 등을 급이 하면 좋습니다.

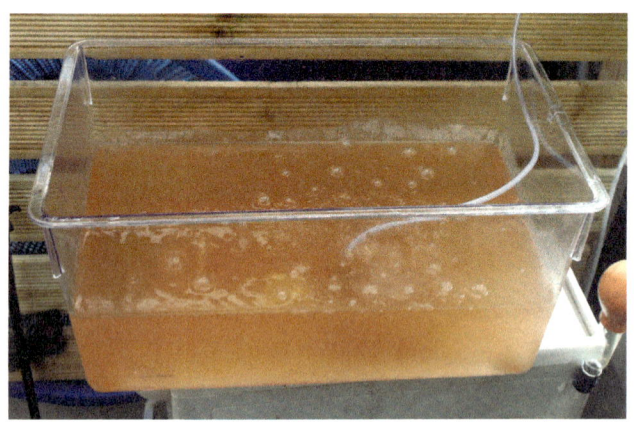

② 물벼룩

쉬림프 급이 단계 이후나 동시에 같이 급이 할 수 있습니다.

물벼룩 급이의 장점이라면 담수 생물이기 때문에 브라인쉬림프 같이 수질오염 걱정도 할 필요가 없고 오히려 수조의 유기물을 처리해 주니 일석이조의 효과를 볼 수 있는 먹이입니다.

야외에서는 수온이 따뜻해지는 4월부터 발생하기 시작합니다.

가정에서도 소량 배양은 충분히 가능합니다.

주변에 논이 있으면 소량의 논흙을 떠서 두면 물벼룩이 발생합니다. 이것을 씨로 배양할 수 있습니다.

한적하고 적당한 장소를 찾을 수 있다면 베란다든 마당의 구석진 곳에 물을 넣고 음식찌꺼기와 물벼룩 씨를 넣고 기다리면 3~4일에 한 번씩 채집해서 급이 할 수 있게 됩니다. 그러나 대식가인 난주에게는 충분히 급이하기는 어렵기 때문에 간식 정도로만 급이 합니다.

최근에는 냉동 물벼룩을 판매하고 있기 때문에 쉽게 구할 수 있습니다. 먹이에 길들지 않은 경우는 잘 안 먹기 때문에 소량씩 급이 하면서 먹이에 익숙하게 길 들여야 잘 먹습니다.

반드시 주의 할 것은 먹다 남긴 **냉동먹이는 대부분 부패가 빨라서 적당량을 급이 하여 바로 다 먹은 것을 확인**하는 것이 좋습니다. 이것을 소홀히 하면 물이 깨지고 치어에게도 병이 와서 제대로 자랄 수 없게 됩니다.

③ 냉동 붉은 장구벌레 多多슾쏢

난주를 번식하는 마니아들은 청자시기부터 색갈이가 끝나는 약 100일간 거의 주식으로 급이 합니다.

난주를 사육하는 있어서 장구벌레의 공급은 쉬림프 이상으로 중요한 먹이입니다. 제시된 표에서도 알 수 있듯이 영양 면에서만 보면 배합사료가 훨씬 뛰어나지만, 초기부터 장구벌레를 주식으로 급이 하면 골격과 체형의 형성에 도움을 주는 것 같습니다. 또한, 소화도 잘되며 기호성도 어느 먹이보다 뛰어납니다.

◎ 장구벌레와 사료의 성분 비교(%)

	A 냉짱	B 냉짱	T 사료
조단백	3.98	5.00	46.5
조지방	0.95	0.70	7.0
조섬유	0.34	2.00	2.0
조회분	0	0	14.0
수분	93.00	20.0	7.0

◎ 난주 개량을 목적으로 하는 브리더(breeder)는 대부분 색갈이 이전까지는 주식으로 장구벌레만 급이합니다. 특히 박력 있는 난주의 머리를 만들기에도 좋지만 단단한 체형을 만드는 데도 중요한 작용을 합니다.

④ 실지렁이 過猶不及

실지렁이는 대부분의 물고기에게는 종류를 막론하고 기호성이 좋은데 특히 치어를 키울 때는 진가가 발휘됩니다.

크기도 다양하고 물속에서 서식하기 때문에 다 먹을 때까지 신선도를 유지할 수 있다는 것은 실지렁이가 가진 큰 장점으로 특히 치어 사육시기에 지속적으로 급이가 어려운 직장인 혹은 치어의 성장을 빠르게 할 목적으로 급이 한다면 큰 효과를 볼 수 있습니다.

실지렁이는 많은 장점에도 불구하고 아직도 양날의 칼로 인식됐었습니다. 이것은 여러 가지 원인으로 생각할 수 있는데 대략 세 가지로 정리할 수 있다고 생각합니다.

첫째, 서식환경 요인으로 실지렁이 자체가 병원균을 갖고 있는 것이 문제였습니다. 그러나 최근에는 **양식장**에서 위생적으로 번식되기 때문에 불결한 환경에서 자연채취를 하던 시기와 다르게 안전하다고 생각합니다.

둘째, 과다 급이로 인한 **비만과 웃자람**입니다. 보통 실지렁이 급이통에 가득 담아 주는 것에서 문제가 발생하는데 초보자들은 먹이반응과 편리함으로 인하여 대부분 과다 급이한 탓에 비만 체형으로 됩니다.

셋째, 단백질이 풍부하기 때문에 물고기의 대사가 활발해지면서 암모니아 발생이 높아진다고 합니다. 그것은 수질악화로 이어지고 결국 병해로 이어집니다.

실지렁이 급이 후 수조의 물 냄새를 맡아보면 비린내가 나는 경우가 있습니다. 이 상황에서는 무조건 환수를 해야 합니다. 이 신호를 무심히 넘어가면 애어들은 질병 감염을 피할 수 없게 됩니다. 따라서 급이 시에는 수시로 물 관리를 하고 이상하면 신속히 50~80%의 환수를 반드시 해야 합니다.

네덜란드 사자머리나 유금 같은 스타일은 성장 측면에서 좋은 결과를 얻을 수 있겠지만 마찬가지로 과다 급이는 지방이 쌓일 수 있기 때문에 건강에는 좋지 않고 특히 유금의 경우 어깨의 발달은 대단히 좋아지지만 뒤집어지는 경우가 많이 발생합니다.

난주 사육은 약간 주의 할 필요가 있습니다.

2차 선별 후인 부화 20일 정도부터 실지렁이를 먹일 수 있게 됩니다. 기호성과 여러 가지 편리함과 그리고 놀라운 성장 효과(**실지렁이 한 마리를 먹으면 자라는 것이 보일 정도**)로 인하여 급이량이 늘어가게 됩니다. 환수도 적절히 했기 때문에 수질 관리와 더불어 자극도 적당해집니다. 이런 상황이 계속되면 결국 영양 과잉 때문에 전체적으로 잘 자라서 덩치는 커지지만, 청자 때 갖춰야 할 체형의 전체적인 균형이 깨지게 되어서 성장할수록 몸은 커지고 머리의 육류가 필요 이상 발달하게 됩니다.

결국, 머리의 육류도 여기저기 붙어서 커지고 몸집도 뚱뚱해진 라이언 헤드 스타일로 변하게 됩니다.

난주나 토좌금 같이 체형의 균형을 필요로 하는 경우는 조심해야 합니다.

 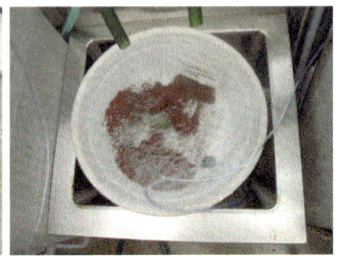

◎ 실지렁이 보존방법

흐르는 물에 차광하고 산소 공급을 하거나 냉장고를 이용하는 방법이 있습니다. 흐르는 물에서 보관할 경우는 기온이 낮은 시기까지만 가능하고 수온이 올라가는 시기는 냉장고에 보관합니다. 사진과 같이 분리 용기에 적당량을 담아 두고 물기 없이 지렁이만 담는 것이 생존율이 더 높습니다. 매일 세척을 해 줘야 합니다.

⑤ 검은 장구벌레

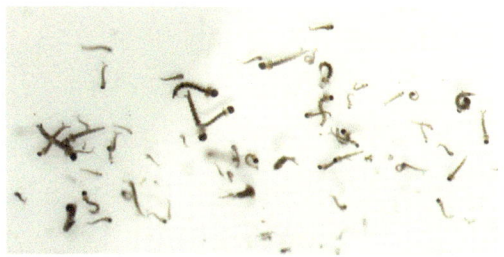

일반 모기의 유충으로 4월부터 가을까지 특별히 신경 쓰지 않아도 손쉽게 키울 수 있는 천연 먹이입니다.

수중에 서식하면서 유기물을 섭취하고 공기 호흡을 하므로 수면 바로 아래에서 숨을 쉬면서 살기 때문에 수조 밑바닥에 집을 짓고 사는 붉은 장구벌레에 비해서 뜰채만 있으면 채집이 쉽습니다.

배양방법 다음과 같습니다.

다소 혐오시설이기 때문에 집 근처의 사람의 눈에 띄지 않는 외진 곳에 원하는 크기의 물통을 놓아두면 빗물이 고이고 낙엽 등이 썩어서 유기물이 발생하고 모기 유충은 그것을 먹이로 성장합니다. 또는 청수를 사용해도 유기물이 풍부하기 때문에 그곳을 산란 장소로 번식기의 모기들이 날아와 자연스럽게 산란을 합니다.

성장이 빠르고 번식도 활발하기 때문에 약간의 신경만으로 영양가 있는 생먹이를 급이할 수 있게 됩니다.

주의 할 것은 배양통 안의 장구벌레 중 번데기가 보이면 모두 거둬들여서 먹여야 모기발생으로 타인에게 피해를 안 끼치게 됩니다.

◎ 급이 전에는 감염에 대비하여 소독해서 급이 하는 것도 안전에 좋습니다.

2) 인공먹이

사육목적과 어령에 따라서 나뉘는데 주로 조단백의 함량과 목적에 따른 특수 성분에 따라 구분됩니다.

① 치어용

   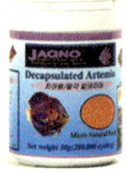

치어를 기르는데 물벼룩 급이는 가장 이상적이지만 어렵고 쉬림프의 경우도 한번에 많이 급이하면 죽는 것이 더 많아 오히려 수질 오염으로 치어가 대량폐사 하는 등의 어려움이 있습니다. 치어용 사료는 잘 사용하면 그에 대한 보안이 될 수 있습니다.

쉬림프를 하루에 한두 번 급이하고 낮에 1~2회 정도 자동 급이기 사용으로 대신할 수 있기 때문입니다. 치어는 많이 먹을 수 없기 때문에 조금만 급이 해도 충분합니다. 치어 시기는 쉬림프 등의 산 먹이를 중심으로 사료는 보조로 생각하고 급이하면 좋습니다.

치어 사료는 대체로 0.2~0.5mm 이하로 아주 작고 조단백의 함량은 50% 이상이 좋습니다. 사료 급이 시에는 부지런한 수질관리는 필수입니다.

② 성장용

대부분 바쁜 일상에 쫓기기 때문에 보통 오전 일찍 출근 전과 퇴근 후로에 장구벌레 급이를 2회 급이하고 그 사이는 자동 급이기를 사용하여 사료 3~4회를 어렵게 하루 5~6회를 급이 하게 됩니다.

 장구벌레 같은 생먹이의 꾸준한 공급이 있어야 좋은 난주가 만들어지는 중요한 시기지만 누군가의 도움 없이는 어렵습니다. 그래서 실지렁이의 유혹에 빠지게도 되는데 사료와 함께 적당량을 급이 한다면 나름대로 좋은 결과를 예상할 수 있습니다.

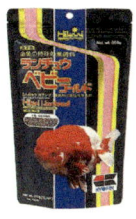  

청자부터 급이 하게 되는 사료의 크기는 1~2.5mm 이하로서 단백질 함량이 40% 이상의 사료를 급이하는 것이 좋습니다.

특히 주의 할 것은 사료는 **뱃속에서 부피가 커지기 때문에 배가 부르고 성어가 돼서도 배 뒷부분이 불룩한 소위 〈감자배〉 형태로 고정되어 특별히 매력 없는 단지 뚱뚱한 난주로 됩니다.**

반드시 천연먹이와 적절히 안배해서 적당량을 급이 하는 것이 바람직합니다.

◎ 사료의 과다 급이는 영양성분이 장구벌레보다 높아서 전체적으로 살도 잘 붙고 성장도 빨라져서 보기는 좋습니다만 자칫 비만형으로 될 수 있습니다.

③ 육성용

부화 후 90일~100일 무렵이면 대부분 5~6월 정도로 여름에 접어듭니다. 한낮의 수온은 25℃ 이상 올라가고 30℃ 이상을 넘기는 경우도 생깁니다.

이때부터는 대부분의 흑자가 색갈이(退色)를 하는 시기입니다. 흑자 때와 비교해 보면 다소 빈약해 보이지만 이윽고 왕성한 식욕을 보이는데 장구벌레만으로는 왕성한 식욕을 채워주기에는 다소 부담이 되고 또한 난주다운 체형을 만들기에도 아쉬움이 있습니다. 때문에 이 무렵부터 비로소 사료 급이의 양을 다소 늘리기 시작합니다.

◎ 장구벌레는 난주의 체형을 만드는 역할이라 한다면 난주를 난주답게 살찌게 하는 것은 사료입니다.

육성용 사료는 우리나라에서도 몇몇 종류를 구할 수 있습니다. 대체로 조단백질 함량 40% 이상의 사료 정도를 선택하면 좋습니다.

앞에서 언급했듯이 반드시 **생먹이와의 균형을 맞춘 사료 급이는 기본입니다.**

◎ 품평회용 난주는 여전히 장구벌레 중심의 사육을 하면서 사료는 간식의 개념으로 장구벌레 급이 사이에 조금씩 급이 해서 적당히 몸집을 키워갑니다.

④ 색상용

난주 품평회 심사기준에서 색채가 미치는 영향은 크지는 않지만, 완벽을 추구하는 사육자들은 난주의 색상에서도 최대한의 노력을 기울입니다. 품평회 전 약 한 달 동안 색상을 진하게 올리려고 사육수를 서서히 청수로 바꿉니다. 청수의 식물성 플랑크톤은 햇빛과 더불어 색상 강화에 무엇보다 중요하고 색상전용 사료는 좀 더 강한 색을 내기 위한 마무리입니다.

우리나라는 금붕어 색상전용사료는 구하기 쉽지 않지만 아쉬운 대로 열대어용 색상 강화 사료는 비교적 쉽게 구할 수 있습니다. 성분에 대부분 베타카로틴과 스피룰리나가 첨가되어 있으며 조단백질 함량 30~40% 정도의 사료를 선택하면 무난합니다.

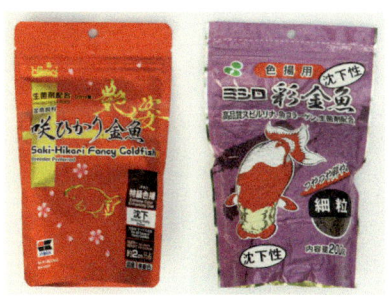

◎ 색상사료를 급이 할 경우 주의 할 점이 두 가지

첫째, 첨가제 때문에 소화율이 낮습니다. 그러므로 수온 20℃ 이하인 서늘한 날씨나 혹은 수온이 낮아질 오후 3시 이후에는 급이를 하지 않는 것이 좋습니다. 자칫 소화 불량이 되면 수온이 떨어져 가는 가을에 생긴 병은 상당히 곤란하기 때문입니다.

둘째, 너무 일찍 먹이면 머리의 육류발달이 늦어집니다. 난주의 색을 위하여 여름의 당세어부터 먹이기 시작하면 색은 예쁘게 올라올 수 있지만, 개성 있는 머리의 성장 발달에는 도움이 되지 않습니다. 완성된 2세어 이상인 경우에 관상을 위해서 급이 하는 것을 권장합니다.

03
설치 장소에 따른 관리

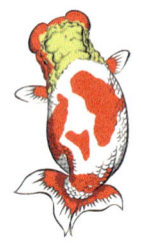

첫째. 가능한 집에서 가장 오랜 시간 동안 햇빛이 비치는 곳이 좋습니다. 수조 설치 상식에서 다소 어긋나지만, 햇빛을 조금이라도 오래 볼 수 있는 곳이 물고기를 비롯한 모든 생물에게는 유용합니다. 특히, 금붕어는 붉은색과 검은색의 유지 및 발현에는 절대적입니다.

측면관상이 목적인 유리 수조의 경우 표면에 이끼 등으로 인해서 관상에는 다소 불편하지만 위에서 감상하는 수조를 사용하는 베란다 등 야외사육의 경우는 관상 및 수질관리 그리고 겨울을 나기에는 중요한 요소입니다.

둘째. 난주는 특히 환수가 잦은 난주의 경우 배수와 급수가 편리한 곳이 좋습니다.

◎ 도시 생활에서 위의 두 가지를 충족하는 경우는 쉽지 않지만 굳이 둘 중 하나를 선택해야 한다면 제 경우 햇빛이라 생각합니다. 물의 경우는 다소 번거로워도 해결할 수 있는 방법이 있지만, 햇빛만의 효과는 어떤 것으로도 대체되지 않기 때문입니다.

1. 실내

누구나 사육의 첫걸음은 실내의 유리 수조 사육이 보편적입니다.

다른 물고기에서 볼 수 없는 난주 특유의 귀여운 얼굴을 볼 수도 있는 점이 매력적입니다.

난주를 꼼꼼히 살펴볼 수도 있고 특히 초보자들의 경우는 사육 중 이상증세를 빨리 발견할 수 있기 때문에 건강관리에도 좋습니다.

이상적인 사육 마릿수의 정도는 없지만 가로 90cm 이상의 수조에는 15cm 이상 난주 2~3마리 정도 사육이 가능하고 보급형인 60cm 수조에는 10cm 미만의 난주 2마리 정도가 좋습니다.

① 위치

베란다 혹은 욕실과 가까우면 좋습니다. 특히 베란다와 가까우면 배수와 입수에 편리하고 햇빛도 받을 수 있기 때문에 난주의 채색(體色)에 도움을 줍니다.

② 환수

원래 환수는 물고기에게 스트레스를 주는 행위입니다. 그러므로 항상 **수온의 급변을 특히 조심**하고 일주일에 30% 정도의 꾸준한 환수로 **관리 하면** 건강하고 무난하게 키울 수 있습니다.

③ 여과

두 가지 종류의 여과기를 연결하여 같이 사용하는 것이 좋습니다.

생물학적 여과기인 스펀지 여과기를 보조로 하고 저면 여과기와 상면 여과기를 연결해서 사용하는 방식도 좋습니다.

간편하게 바닥재 없이 상면 여과기와 보조로 스펀지 여과만을 사용하는 방식도 효과가 좋습니다.

④ 급이

처음에는 건강하고 오래 키우겠다는 마음으로 급이하는 것이 좋습니다.

실내 사육의 특성상 환경 변화가 거의 없습니다. 난주들은 안정된 환경에서 양질의 먹이를 먹으면서 상태는 좋아지고 자연스럽게 크기도 커집니다.

급이는 절제하면서 조금씩 자주 하는 것이 좋습니다. 실내는 대체로 수조가 작아서 먹는 것보다는 운동량이 부족하기 때문에 비만이 되고 결국 비만으로 인한 병이 와서 단명하게 되는 경우가 많습니다.

2. 베란다

베란다는 대부분 설치돼 있는 이중창으로 인하여 온실과 비슷한 효과를 줍니다. 특히 향이 좋은 남향의 아파트라면 야외 사육보다 훨씬 쾌적하고 안정된 환경을 제공하기 때문에 난주를 키우기에 최적의 조건을 갖고 있다고 생각합니다.

현재 대부분 식물이 그 공간을 차지하고 생육에 있어 훌륭하게 성장을 하는데 난주에게도 적합한 환경입니다. 화분과 함께 한구석 햇빛이 잘 드는 곳(이면 아주 좋습니다)에 난주를 위한 수조를 둔다면 식물과 가족들에게는 적당한 공중습도를 유지해 줄 것이고 화분에 물을 줄 때 수조의 물을 이용한다면 수분과 비료역할을 하는 두 가지 역할을 하게 되므로 일석이조가 될 것입니다.

우리나라는 대부분 아파트 거주가 많기 때문에 베란다를 이용한 난주 사육이 많이 연구되었고 실제로 많은 분들이 베란다 사육만으로도 난주를 즐기고 훌륭한 난주가 작출 되고 있습니다.

① **위치**
기본적으로 급수와 배수 시설이 완벽하기 때문에 조금만 연구하면 대단히 편리하게 활용

될 수 있는 아주 완벽한 난주 사육 공간입니다.

특히 일조량이 풍부한 정남향은 이상적이고 동남향이나 서남향의 베란다도 아주 좋습니다.

그 외의 방향이라 하더라도 하루에 햇빛이 4시간 이상만 되면 난주 사육에 무리가 없습니다.

② 환수

베란다는 평균 온도가 높습니다. 그래서 일조량이 좋은 베란다일수록 수질 유지에 신경을 쓰는 것이 좋습니다.

아파트인 경우 집수장치의 혜택으로 인하여 1/3 정도의 적은 양의 환수는 수온만 맞는다면 직수를 해도 큰 문제가 없지만 하우징을 사용한다면 더할 나위 없이 좋습니다. 그래서 사육이 익숙해지면 과도한 환수를 하는 경우가 있는데 반드시 계절에 따른 할수 비율을 지키고 수온에도 주의해야 합니다.

대부분의 질병은 잘못된 환수에서 시작되는 경우가 많습니다.

◎ 주의 할 것은 물탱크 청소인데 청소 후 2~3일 후 사용하면 안심할 수 있습니다.

③ 급이

베란다는 준 야외입니다. 완전한 야외 사육보다는 덜하지만 외기의 영향을 간접적이나마 받게 됩니다. 그래서 더욱 건강하고 아름다운 난주의 특징이 발현되는 요인이기도 하지만 장점만 있는 것은 아닙니다.

낮과 밤도 있고, 흐린 날과 맑은 날이 있고, 춥고 더운 날이 있기 때문에 날씨에 따른 사육 방식의 변화를 즐길 수 있습니다.

보통 오전 6시부터 오후 4시까지 4~8회 정도 급이가 가능합니다.

간혹 성장을 위해서 늦여름 오후 4시 이후에도 급이를 하려면 조명을 오후 8시까지는 켜 둔다는 조건에서 가능합니다.

일기가 좋지 않은 날씨는 분명히 난주에게 전달됩니다. 그런 날은 급이를 평소보다 적게 하거나 하루 정도는 급이를 안 하는 것도 좋습니다.

또한 수온이 10℃ 이하로 떨어지면 급이를 중지해야 합니다. 특히 색상 전용먹이를 먹이는 경우는 20℃ 이하에서는 급이 하면 소화불량을 일으키기 때문에 하지 않는 것이 원칙입니다.

◎ 사료의 소화시간은 냉동 장구벌레의 경우 1시간, 인공사료는 3시간 정도입니다.

④ 기타

실내와 다르게 햇빛 및 외기를 차단하는 것이 필요합니다.

봄부터 따뜻한 햇살이 창을 통해 들어오기 시작하면 오전은 좋지만, 정오가 넘어가면서는 햇빛을 적당히 가릴 필요가 있습니다. 그때 요긴하게 쓰이는 것이 갈대발과 썬라이트입니다. 모두 철물점이나 건재상에 가면 손쉽게 구할 수 있습니다.

썬라이트의 경우 이른 봄 수조를 덮어서 보온과 차광역할을 할 수 있습니다. 연질보다는 경질을 선택하는 것이 훨씬 수명도 길고 오래갑니다. 가공은 그라인더를 사용하는 것이 깔끔하게 잘립니다.

갈대발

겨울에는 보온단열재가 필요합니다.

동면의 수온은 영상 0~10℃ 정도를 유지 시켜야 하기 때문에 수조의 벽

썬라이트

을 스티로폼으로 두르는 단열처리와 썬라이트 등으로 덮으면 보온에 도움이 됩니다. 단열작업의 효과는 그렇지 않은 수조에 비해서 약 5℃ 정도의 온도차이가 있기 때문에 전기료 절약에도 도움이 됩니다.

3. 야외

실내 사육과 다른 차원의 맛을 느낄 수 있는 최적의 사육장소입니다. 공간이 실내보다는 여유가 있기 때문에 수조도 개인의 사정이나 취향에 따라 여러 크기와 형태로도 제작이 가능합니다. 하지만 변화무쌍하고 혹독한 자연현상에 대처하면서 키워야 하기 때문에 철저한 공부와 준비가 필요합니다.

① 위치

하루 종일 햇빛을 잘 받는 곳이 좋습니다.

반드시 동남향은 트여있는 곳이 이상적인데 이것은 겨울을 고려한 이야기입니다. 아침에 동쪽에서 떠오르는 햇살에 수온이 오르고 오후에는

서서히 지는 것이 난주가 겨울을 건강히 넘길 수 있는 생존과 연결되는 밀접한 요인이라 할 수 있기 때문입니다.

전통적인 사육안내서를 보면 큰 나무가 있는 그늘진 곳은 피하라고 하지만 필자의 경험

으로 여름의 강한 햇빛을 자연스럽게 가려주는 역할을 하기 때문에 좋은 점도 있습니다.

② **환수**

직사광선을 받는 사육수의 청수 진행은 생각보다 빠르기 때문에 수온이 올라가는 5월이면 환수의 횟수가 많아집니다.

환수는 반드시 전날이나 이른 아침 그날의 일기 변화를 미리 잘 알고 대처해야 합니다. 환수의 기본은 좋은 날씨의 이른 아침입니다. 날씨가 좋아야 햇빛으로 수온이 오르면 물도 난주도 빨리 안정됩니다.

만일 환수 예정 날 비 소식이 있다면 다음으로 미루는 것이 안전합니다. 그러나 사육수의 오염이 심각하면 날씨와 상관없이 무리수를 두더라도 환수를 하는 것이 좋습니다. 이때는 지침에 있는 것보다 많은 양의 고수를 사용하여 **할수** 하는 것이 안전합니다.

가능하다면 수조의 개수는 여유를 두고 에어레이션과 햇빛으로 충분히 숙성된 사육수와 같은 조건의 새 물이 준비되어 있으면 좋습니다.

상황에 따라 많은 변수가 있겠지만 대체로 맑은 날, 봄과 가을에는 50%가 넘지 않게 환수 타이밍의 기준표에 맞춰서 할수를 한다면 비교적 어려움 없이 무난히 기를 수 있습니다.

③ 급이

난주는 환수로부터 성장하기 때문에 환수와 급이의 유의점은 같습니다.

계절에 따른 수온의 변화에 맞춰 급이량을 결정하기 때문에 매일 아침 그날의 날씨를 정확히 파악해야 합니다. 그래서 일기의 변화가 많은 날이나 비가 온다는 날은 급이하지 않는 것이 기본입니다.

좋은 청수 속에는 이끼와 어느 정도의 플랑크톤이 존재해서 영양공급은 계속 받고 있기 때문에 난주들이 굶을 것이라는 걱정은 필요 없습니다.

야외 사육은 의외로 풍부한 자연 먹이가 발생합니다. 따라서 급이는 다소 부족하게 하는 것이 오히려 난주도 건강하게 자라고 체형 및 성장도 좋은 결과를 만듭니다.

④ 기타

날씨와 조수의 피해를 대비해서 반드시 준비해야 할 물건들이 있습니다. 베란다 사육보다 좀 더 적극적으로 난주를 외부의 요인으로부터 보호해 줍니다.

첫째, 썬라이트입니다. 건재상이나 철물점에 가면 쉽게 구할 수 있습니다. **크기나 재질이 몇 가지 있는데** 가능하면 두꺼운 재질이 좋습니다. 환절기나 장마철에 비가 오면 수온이 갑자기 떨어질 수 있습니다.

둘째, 보호망입니다. 고양이나 까마귀 등의 동물로부터 난주를 보호하기 위해서 보호망도 필수입니다. 나무나 PVC 파이프로 틀을 짜서 쇠그물로 마무리합니다. 수조의 크기에 맞게 여러 가지를 응용해서 사용하면 됩니다.

셋째, 갈대발입니다. 햇빛을 막아주는 역할을 합니다. 특히 햇빛이 강한 경우에는 사육수의 청수화를 늦추거나 수온 상승을 막는 역할을 합니다. 농업용 그물막을 사용할 수도 있습니다.

"이제 난주를 키울 모든 조건이 됐습니다.
드디어 난주를 구해야 하는 차례입니다."

특정한 종류보다는 각자의 취향에 따라서 선택하는 것이 좋습니다.
그러기 위해서는 반드시 건강한 개체를 구입하는 것이 무엇보다 중요합니다.
난주를 구할 수 있는 방법은 여러 가지입니다.
어떤 차이점이 있는지 도움이 될 수 있는 기준을 정리해 보았습니다.

난주 사육 시작

01
본격적인 시작

난주 사육하기로 마음먹으면 여러 가지 생각과 욕심이 생깁니다. 관심이 많고 공부를 많이 할수록 머릿속이 복잡해지기 마련입니다. 일단 갖고 있는 기구와 상황으로도 얼마든지 기를 수 있으니 주저 말고 시작하는 것이 중요합니다.

1. 난주를 구하는 방법

일본 난주 품종	중국 난주 품종
일본 난주, 벚꽃 난주(사쿠라니시키), 강호금(에도니시키), 일본 흑난주	중국 난주, 강호금, 앵금, 흑난주, 삼색난주, 오색난주 흑백난주, 단정 난주 라이언헤드, Lionchu

일본산 난주

중국산 난주

" 일본의 경우 일반 금붕어 양어장에서도 난주를 비롯한 귀한 금붕어를 번식하는 곳이 많습니다. 보통 금붕어 전문점에서 취급하는데 평이한 수준의 보급형입니다. 반면 전문점의 경우 직접 번식을 하거나 친분 있는 전문 브리더의 난주를 취급하기 때문에 비교적 우수한 개체를 구할 수 있습니다.

전문 난주 브리더(breeder)들의 난주는 수준에서 아주 우수합니다. 적은 마릿수를 사육하기 때문에 구하기도 쉽지 않으며 자신의 자존심과 더불어 품평회를 목적으로 기르기 때문에 상업적인 곳과는 많은 차이가 있습니다. 도한 일면식(一面識)이 없는 경우는 구입하기 쉽지 않기 때문에 지인을 통한 소개 등의 방법으로만 소량의 판매가 이루어집니다. 가격 또한 상상외로 고가(高價)입니다. 주로 위에서 헤엄치는 모습을 감상하게 발전시켰기 때문에 옆에서 감상하기에 부족한 개체들도 있지만 약간의 결점은 중요하게 여기지 않는 편입니다. 따라서 귀엽고 동글동글한 중국 난주의 이미지를 기대했던 사람들은 일본 난주를 유리수조에서 보고 실망할 수도 있습니다.

중국의 경우 상업적으로 금붕어 양식이 발달해서 품질과 가격에서 선택의 폭이 대단히 넓습니다. 일반적인 난주이미지를 특화발전 시키고 있습니다. 옆에서 관상하기에 적합하게 무늬와 깔끔한 등선과 머리의 우락부락한 육류 등 난주의 특징을 강화시키는 방향으로 중점으로 개량시켰기 때문에 측면 관상용으로는 난주다운 특징이 대단히 뛰어납니다.

두 나라의 어쩔 수 없는 환경차이로 인하여 일본은 적은 수를 선별 사육하면서 깊이와 전통을 추구했고 중국은 넓은 국토로 인하여 긴 시간과 다양성을 추구하며 발전시킬 수 있었던 것 같습니다. 그래서 일본계통은 어느 정도 안정된 유전형질을 갖고 있기 때문에 번식하는 재미가 있어서 마니아들이 주로 즐기고 중국 난주는 다양하기 때문에 취향에 따라 선택할 수 있어서 일반 취미인들에게 인기 있는 편입니다.

난주 품평회는 거의 일본에서 정한 평가기준에 준합니다. 그 이유는 종주국이라는 것 외에 오랫동안 발전시켜온 고정률과 객관적으로 인정할 수 있는 평가기준이 있기 때문이라 생각합니다.

우리나라 동호회도 거의 일본 난주 위주로 개량 발전시키고 해마다 품평회도 진행하고 있습니다.

이제 우리나라도 일본 난주를 포함한 다양한 난주를 구할 수 있게 됐지만 구입하는 곳마다 특징이 뚜렷합니다. 그래서 자신의 사육하려는 목적에 따른 판단기준을 정할 수 있게 각각의 특징을 정리해 보았습니다. 난주 구입에 참고가 되길 바랍니다. "

① 수족관

 수족관의 난주들은 거의 중국 양어장산입니다. 중국산의 가장 큰 장점은 여러 가지 스타일과 특유의 귀염성 그리고 다양한 가격대가 있어서 선택의 폭이 넓습니다.

우수하고 좋은 개체도 많이 생산됩니다. 우리나라도 최근에 좋은 개체를 수입하는 곳이 늘고 있는 추세입니다. 선택할 때는 꼼꼼히 잘 살펴봐야 하는데 보통 머리의 육류발달이나 등선은 양호합니다만 무게 중심이 안 맞아서 앞으로 기우는 경우와 키지느러미 불량이 특히 많아서 세심하게 살펴볼 필요가 있습니다.

주산지는 대부분 더운 중국의 남쪽 지방이고 금붕어 출하 시기는 11월부터입니다. 중국 양어장에서 우리나라까지 오는 과정이 힘들기 때문에 약해져 있는 경우가 많습니다. 따라서 어느 경로를 통하든지 입수한 물고기는 병어(病魚)라 여기고 구입 후부터 관리를 잘해야 합니다. 구입 할 경우 반드시 건강한 개체를 선택하고 집에 데려와서도 최소한 약 한 달 정도 격리 관찰하고 정상이라 판단한 후 본 수조에 합사시키는 것이 좋습니다.

② 브리더(breeder)

현재까지 우리나라에는 난주 전문 프로브리더(breeder)는 없고 대부분 생활인의 취미로 난주의 개량과 번식을 다소 진지하게 즐기는 수준이지만 나름대로 자존심을 갖고 남과 차별화된 자신의 난주를 만들려고 노력하고 있습니다.

브리더(breeder)를 통하면 확실한 개체를 구할 수 있습니다. 장점이라면 세심한 관리를 받고 자라서 건강하고 계통을 정확히 알 수 있는 우수한 난주를 구할 수 있다는 것입니다.

단점이라면 분양 시기가 정해져 있고 기르는 개체 수가 적기 때문에 가격이 높은 편이지만 상업적으로 판매되는 난주들과는 확실한 차이가 있습니다.

분양받는 방법은 연구회나 동호회 가입 또는 인터넷의 난주 전문카페 같은 곳에서 분양 글이 올라오거나 혹은 브리더(breeder)에게 개인적으로 연락해서 구하는 방법이 있습니다.

③ 연구회

좋은 난주를 구하는 가장 확실한 방법은 각 지역마다 있는 연구회 가입입니다.

초보자로서는 어려운 치어를 선별하는 기준과 방법 그리고 난주를 보는 방법과 사육 노하우 등을 경험자를 통해서 비교적 빠르고 올바르게 배울 수 있는 대단히 유익한 시간입니다.

특히 확실하고 우수한 혈통을 분양받을 수 있고 같은 취미를 가진 사람들을 만나고 서로 정보를 교환하고 친목을 도모하는 것은 큰 즐거움 중 하나입니다.

지역마다 약간의 차이는 있지만 연구회의 진행은 대체로 다음과 같습니다. 첫 모임 때 무선별 혹은 첫 선별한 치어를 분양받습니다. 선별과 사육 방법을 배운 후 약 한 달 동안 각자 집에서 개별 사육하고 다시 만나서 서로의 난주를 비교하고 다음 단계를 학습하는 과정이 반복됩니다. 보통 품평회 전달까지 매달 이어집니다. 모임에서는 서로의 어려움과 기쁨을 공유하는 즐거운 모임으로 쉽지 않은 난주 사육법을 즐겁게 배울 수 있습니다.

④ 품평회

우리나라의 경우 매년 10월 2~3번째 일요일에 해마다 전국 각 지방을 돌면서 순차적으로 개최합니다. 품평회에 출전한 난주들은 치어 때부터 엄선되어 선택되고 길러진 개체입니다. 브리더들과 동호인들이 최선을 다해 정성 들여 기른 개체를 출전시키기 때문에 그해 최고의 난주들이 모이고 그 난주들을 한 곳에서 직접 볼 수 있는 일 년에 한 번 있는 보기 드문 기회입니다.

품평회장에서 분양을 항상 하는 경우는 대부분 출전한 난주와 같은 동복(同腹)인 경우가 많습니다. 검증된 혈통으로 번식을 계획한다면 좋은 기회가 될 수 있습니다.

품평회의 난주들

2. 반드시 해야 하는 과정

새로 입수된 모든 물고기는 스트레스를 받았기 때문에 면역력이 떨어진 상태라서 무조건 병어(病魚)라 생각하고 신중하고도 충분한 시간(2주~한 달)을 들여 검역과 적응기가 필수입니다. 특히 오랜 시간의 이동 스트레스를 견딘 수입 개체는 더 심하기 때문에 폐사율이 높은 편이지만 믿을 만한 전문 수족관에서 충분한 검역과 적응이 된 개체들은 비교적 안심할 수 있습니다. 브리더(breeder)를 통해 입수한 난주들은 평소부터 관리를 잘 받고 운송시간도 짧기 때문에 상대적으로 스트레스가 적어서 바뀐 환경에서의 적응 및 회복 기간이 빠른 편이지만 바뀐 환경에 적응하기 위해서는 검역과 적응은 반드시 서두르면 안 됩니다. 오랜 경험자들은 이점에 항상 주의하지만 초심자의 경우 이 과정을 소홀히 해서 어려움을 겪는 경우가 많습니다.

① 검역

격리와 축양이라면 물을 담을 수 있으면 어떤 것이든 상관은 없지만, 몸 상태를 자세히 관찰해야 하는 경우는 아무래도 유리 수조가 효과적입니다.

이때 수조의 크기는 100L 정도는 되는 것이 좋습니다. 약의 용량을 맞추기도 좋고 치료에는 필요한 히터와 간단한 여과

기도 설치해야 하기 때문입니다.

② 물 맞댐

브리더(breeder)에게 가서 직접 구입해 왔더라도 운송과정 몇 시간 동안이라도 스트레스를 받았기 때문에 이때의 급이는 소화불량이 되고 결국 질병으로 이어져서 죽을 수 있습니다.

운송과정 중 포장된 물도 오염되기 때문에 pH도 변할 수 있습니다. 이 상태에서 새 물에 갑자기 넣으면 금붕어도 수질차이로 pH 쇼크를 받을 수 있기 때문에 주의해야 합니다. 또한, 물 자체의

차이도 있을 수 있기 때문에 천천히 새 물에 길들이는 시간이 꼭 필요합니다.

새 물에 적응하는 적응시키는 방법은 중 일반적인 방법은 에어호스로 수조의 물을 천천히 흘려 넣어서 수온과 새물에 적응하는 물 맞댐을 시키는 것이 필요합니다.

검역 수조의 환경은 가급적 어두운 것이 좋고 수온은 상온이 무난합니다.

③ 약욕

어디에서 구입을 했든 새로 들인 물고기는 무조건 질병이나 병충해가 있다고 생각해야 합니다.

확실한 브리더(breeder)에게 받았다 해도 환경변화로 인해 물고기는 스트레스를 받아서 질병에 대한 저항력은 많이 떨어지게 되고 그 이유로 질병이 들게 되는 것입니다. 특히 노지의 양어장에서 자란 금붕어를 입수했을 경우나 수입 개체는 더욱 조심해야 하고 절대 사육장의 수조와는 가능한 한 멀리 떨어진 곳에 검역 수조를 두고 한 방울의 물이라도 기존 수조에 들어가지 않도록 주의합니다.

일반적으로 많이 쓰이는 검역법은 소금입니다. 특히 **천일염은 삼투압을 이용한 치료법**이므로 안전하고 어떤 병이라도 조기에 발견만 하면 충분히 완쾌할 수 있습니다. 검역이나 치료에 소금을 베이스로 하고 적절한 약물을 보충하면 더 좋은 효과를 얻을 수 있습니다.

흔히 사용하는 약물은 마소텐(Masoten), 엘바쥬, 메틸렌블루(methylene blue), 말라카이트그린(malachite green), 포르마린(formalin) 등입니다. 대부분은 **흡충 종류가 원인으로 마소텐이나 포르말린**이 많이 쓰이고 **원충류는 엘바쥬나. 마라가이트그린** 등이 사용됩니다.

정확한 증상을 모르거나 특별한 이상 징후가 없으면 소금만 쓰는 것이 안전합니다.

《 자세한 것은 P. 161 질병란 〈소류〉에서 다루겠습니다.

④ 먹이 길들이기

대부분의 물고기들이 자기가 먹던 먹이를 좋아하기 때문에 분양받을 경우 어떤 먹이를 급이했는지 알 수 있다면 빠른 적응에 도움을 줍니다. 부드러운 장구벌레 등을 주는 것을 권합니다.

적응기간 중에는 무조건 적게 주는 것이 난주를 안 죽이는 방법입니다.

혹시 굶고 있는 난주가 불쌍하고 걱정된다면 물고기용 수용성 비타민 혹은 전문 미네랄 제품을 투여하면 적응에 큰 도움이 됩니다.

먹이 반응이 좋다고 많이 급이하면 죽을 수 있다는 것을 절대 잊으면 안 됩니다. 적어도 일주일 이상은 아주 소심하게 관찰하는 것이 좋습니다.

2~3일 안정을 시키고 난주들이 활발히 헤엄치고 바닥을 쪼는 먹이를 찾는 행동을 하면 아주 조금씩 장구벌레를 급이합니다. 먹이에 적응하는 시간을 약 일주일 정도의 두고 차분히 하면 일단 안심할 수 있습니다.

먹이 반응도 좋고 물상태도 안정되어 배설물도 보이게 되면 완전히 적응됐다고 판단해도 무방합니다. 이때부터 급이량의 기준과 자신만의 방식을 찾아갑니다.

만일 계속 움직임이 없다면 질병에 걸린 것인데 치료에는 시간이 많이 필요합니다.

◎ 물고기를 데려오면 무조건 2~3일은 금식입니다.

02
계절에 따른 관리

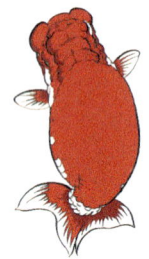

1. 급이

난주의 일일 급이량을 궁금해하는 경우가 많습니다. 급이 안내서를 보면 통상적으로는 '하루에 하루 2~3회 10~15분 이내에 다 먹을 수 있는 양을 물고기의 머리 크기의 1/3 정도를 급이 한다.'라고 적혀있습니다.

이것이 물고기를 무리 없이 키우는 가장 좋은 방법이므로 초심자는 이 방법을 추천합니다.

전문 브리더(breeder)의 경우 오전 5~6시에 시작되어 오후 3~4시 혹은 7시까지 하루 3~4시간 간격으로 6~8회 정도의 급이합니다.

그러나 많은 양을 급이하기 때문에 수질이 빨리 망가져서 아무래도 환수도 잦고 병에 걸릴 확률도 높아집니다. 그래서 세심하게 환경을 살피며 급이량을 조절합니다.

◎ 참고로 사료는 종류에 따라서 소화되는 시간이 다른데 일반적으로 수온이 20℃ 이상일 경우 생먹이(장구벌레)가 약 1시간, 인공사료는 2~3시간 정도가 걸립니다.

① **봄의 급이** : 겨울잠에서 깨어날 때 (2월~3월)

베란다에서 사육하는 경우에 3월이면 수온이 10℃ 정도로 올라갑니다. 그러면 동면에서 깨어날 시기입니다. 만일 산란의 계획이 없다면 자연스럽게 깨어나는 4월까지 기다릴 수도 있습니다.

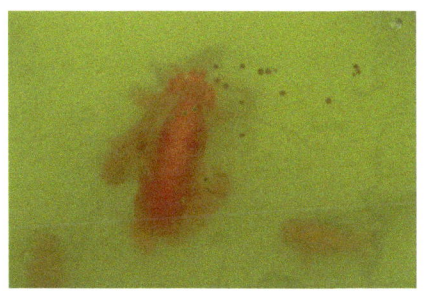

겨울에서 언제 깨어나더라도 봄을 맞으면 할 일은 겨우내 묵혀있던 수조 청소와 그리고 환수입니다. 환수는 반드시 묵은 물을 많이 사용해야 안전합니다.

환수로 자극을 받은 난주들은 계절 변화를 느끼게 되며 신진대사가 서서히 깨어나기 시작하고 소량의 먹이를 줄 수 있습니다.

첫 먹이로는 소화가 잘되는 먹이 장구벌레가 좋습니다. 만일 사료를 주는 경우는 단백질 함량이 낮은 사료가 좋고 반드시 미지근한 물에 사료를 불려서 주는 것이 소화에 도움을 줍니다.

날씨 좋은 날은 하루 2회 정도 오전에 소량 급이하면 충분합니다.

이 시기에 오후에 급이하면 해가 진 후 수온이 급격히 떨어질 수 있고 그것이 소화불량으로 이어져 장염에 걸릴 수 있습니다.

앞으로 꾸준히 수온은 상승합니다. 그에 따라서 조금씩 급이량을 늘일 수 있습니다. 수온 15℃ 이상이 유지되는 4월까지의 급이는 주의합니다.
(봄이 되면서 좋은 박테리아와 세균도 활성화되어가는 시기이므로 급이와 환수에 신경을 쓰도록 합니다.)

◎ 4월은 벚꽃이 피고 자연 산란이 가능한 계절입니다.
◎ 급이는 수온이 20℃ 이상인 경우에만 급이 성장 효과가 있습니다. 즉 그 이하의 온도에서는 사료를 섭취해도 성장하지 않습니다. 따라서 저수온기의 급이는 건강유지가 목적이기 때문에 적게 주는 것이 좋습니다.

② **여름의 급이** : 성장기 및 시련기 (5월~8월)

수온이 높아지면서 안정기로써 난주들의 움직임도 아주 활발합니다. 수온도 20~25℃ 이상으로 사료를 섭취하는 대로 자라기 때문에 성장에는 최적의 조건이 됩니다.

대략 길이 14cm 이상의 이세어(二歲魚) 한 마리라면 하루에 장구벌레 약 10개 이상 혹은 사료 10g 정도는 충분히 먹습니다. 급이에 정량은 없기 때문에 물과 난주들의 컨디션 관리에 자신이 있으면 맘껏 급이 할 수 있습니다.

그러나 **야외 사육 시 정상적인 급이 시간은 오후 4시**까지라는 것을 반드시 기억하기 바랍니다.

오후에는 사료보다 자유롭게 헤엄치면서 이끼나 식물성 플랑크톤을 섭취하는 것이 건강에 훨씬 좋습니다. 야외라면 의외로 수조 안에는 여러 가지 천연먹이가 발생하기 때문에 염려 없습니다.

장마 때는 아주 긴장해야 합니다.

난주를 키우는 누구에게나 어려운 시기입니다. 이때는 성어나 치어 관계없이 **성장보다는 유지기**입니다. 난주의 질병은 대부분 크게 키우려는 욕심으로 인한 과한 급이에서 시작되는데 습도 높은 시기라서 질병발생이 많은 시기이므로 다른 시기보다 장마기간은 급이의 욕심보다 물 관리에 힘써야 할 때입니다.

급이량을 줄인다 해도 청수 등 천연먹이를 먹기 때문에 살이 빠지지 않게만 급이하는 것이 오히려 좋은 결과가 되는 경우가 많습니다.

◎ 이 시기에 과욕을 부리다가 난주들이 질병에 걸리면 그동안 애써 만든 체형이 망가져서 돌이키기 어렵게 됩니다.

③ 가을의 급이 : 아름다운 성숙 (8월~11월)

여름은 성장기라면 가을은 성숙기입니다.

날씨도 쾌적해서 난주들의 컨디션은 최고에 달하고 하루가 다르게 자라고 채색도 더 좋아지게 됩니다.

이시기는 일교차가 시작됨으로 지방으로 구성된 난주의 육류도 더욱 발달하고 몸집도 커지면서 색도 진해져서 더욱 난주다워집니다.

수온이 한여름보다는 다소 떨어지기 때문에 수질관리도 양호해서 수조의 수질도 잘 유지됩니다. 지금부터는 몸집을 불리고 다가올 겨울을 대비한 지방질의 축적이 필요하기 때문에 먹이 중 단백질 함량이 높은 인공사료의 비율이 높아집니다. 특히 10월에는 품평회가 있습니다. 건강하게 키우는 것이 제일 중요하고 또한, 누구보다 멋지게 보이기 위하여 특히 9월부터 신경 쓸 것이 많아집니다. 그러나 품평회 참가용은 계속 장구벌레가 중심입니다. 또한, 몸의 색도 만들어야 해서 청수사육과 더불어 색상사료 급이도 시작합니다.

현재 전용 색상먹이는 거의 수입품을 사용합니다. 난주전용도 있지만 구하기가 쉽지 않습니다. 비단잉어의 색상사료나 열대어류의 색상강화 먹이도 어느 정도 효과가 있습니다.

◎ 색상먹이는 소화가 잘 안 되기 때문에 반드시 20℃ 이상의 수온일 경우만 급이 하는 것이 좋습니다.

④ 겨울의 급이 : 편안한 휴식 (11월~2월)

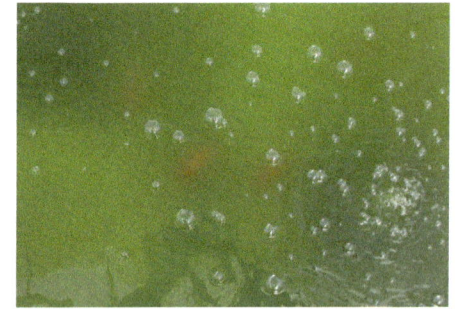

대부분 동면은 12월 초에 들어갑니다. 동면에 들어가는 수온 10℃ 정도가 되기 전까지 급이에 세심한 관리가 필요합니다.

수온이 10℃가 되면서부터는 급이하지 않습니다. 만일 날씨도 좋고 수온이 오르는 경우에도 아주 조금 간식 주듯이 급이하는 것이 좋고 청수의 수질 유지에도 도움이 됩니다.

아파트 베란다는 단열로 인하여 12월까지도 10℃ 이상을 유지하는 경우가 많습니다. 산란을 일찍 할 계획이 없다면 자연스럽게 동면에 들어갈 때까지 급이하면서 길러도 좋습니다. 하지만 반드시 오전에 조금만 주는 것이 좋습니다.

추운 지역은 11월 초순부터 동면에 들어가기도 합니다.

보통 동면은 약 두 달이면 충분합니다.

너무 긴 동면은 난주가 약해지기 때문에 이런 경우는 방한해서 동면을 늦추고 급이를 계속하는 것이 더 좋다고 생각합니다. 너무 긴 시간 동면의 경우 저장된 지방이 소진되어 체력이 약해져 이윽고 봄에 질병에 걸려 죽을 수도 있기 때문입니다.

◎ 동면은 번식을 위한 사육일 뿐 관상을 목적으로 하는 사육에서는 굳이 필요치 않습니다. 그리고 동면기간도 50일이면 번식에는 충분합니다.

2. 환수

◎ 난주 기르기에 있어서 여과기는 사람이다.

여과기를 사용하는 것이 좋다는 것은 누구나 알고 있지만 제대로 된 난주를 만들려는 사육자들은 대부분 환수 등 아주 구식인 전통적인 방법으로 난주를 기릅니다.

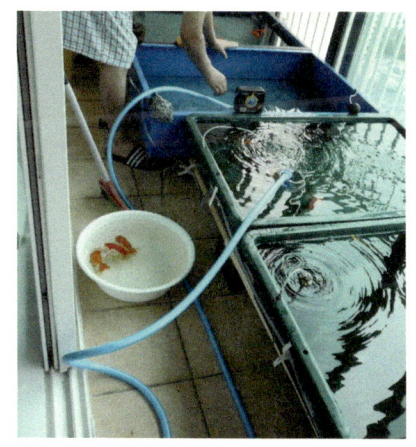

난주 사육에 있어서 환수는 단순히 물갈이가 아닙니다. 계절에 따라서 환수하는 물의 양이 달라지고 환수 주기도 달라집니다. 이 같은 자연의 세밀한 변화를 이해하지 못하면 멋진 난주를 가질 수 없습니다. 또한, 이런 일련의 힘들고 귀찮은 과정을 참고 꾸준히 반복하고 실천하는 과정에서 난주 만드는 노하우가 점점 쌓이게 되고 멋진 '꿈의 난주'에게 한걸음씩 다가가는 것으로 생각합니다.

◎ 몇 년 전 일본에서 만난 원로 사육자의 말씀 중 "나도 젊었을 때 여과기를 사용해 봤는데 난주가 안돼서 포기했다."라고 자신의 경험을 강하게 이야기했으며 방문한 일본의 유명 난주 브리더(breeder)들의 사육장을 가 봐도 여과기는 전혀 찾아볼 수 없습니다. 하지만 물은 깨끗하고 고기들도 아주 건강해 보였는데, 사육장을 돌아보면서 이런 관리를 하려면 얼마나 부지런해야 할까 하는 생각이 들었습니다. 그들은 보통 20개 이상의 큰 수조들을 갖추고 있었습니다.

① 환수의 징후와 효과

수조에 여러 오염물질이 쌓이며 수질악화가 진행되면서 시간이 갈수록 난주의 움직임에서 활기가 떨어지기 시작합니다. 수온이 15℃ 이상인 경우는 청수 진행도 빨라지고 여러 가지 질병 활동이 시작됩니다.

환수의 효과는 오염 물질 제거뿐만 아니라 새 물로 인한 자극으로 신진대사를 활발하게 해줍니다.

신진대사가 활발해 지면 소화기 계통도 활발해지면서 식욕이 상승하기 때문에 먹이섭취량이 늘어나고 그 결과 난주답게 됩니다.

난주에게 있어서 큰 몸집은 난주를 말하는 중요한 요소입니다.

난주는 치어 시기부터 끊임없는 환수와 급이의 반복으로 만들어집니다. 이것은 난주가 완성되는 세 살이 될 때까지 꾸준히 진행되어야 하는 과제이고 환수를 잘하는 것이 난주 사육에 있어서 핵심이라 할 수 있습니다.

그러나 환수는 단순한 것이 아니기 때문에 환경조건에 따라서 세심하게 해야 합니다.

◎ 난주를 키우기도 하지만 또한 죽이는 것이 환수입니다.

② 봄의 환수

수온이 10℃를 넘어가는 3월 중순부터 동면하던 난주들이 서서히 활동하기 시작합니다. 겨울에 환수 없이 증발한 물만 보충했던 수조도 정비해야 할 시간입니다.

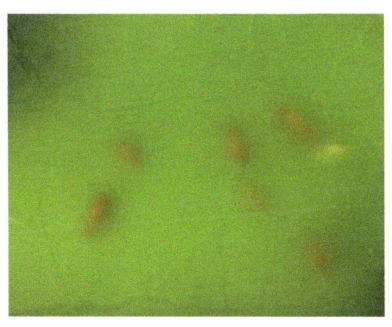

날씨가 맑고 수온이 오르는 날을 잡아서 겨우내 쌓였던 수조 바닥과 벽을 깨끗이 청소해야 합니다.

첫 환수 방법은 먼저 난주들을 조심스럽게 세면기나 다른 수조에 모아 담고 수조의 물도 70~80% 정도의 깨끗한 물만 걸러서 다른 수조에 모읍니다.

그리고 겨우내 쌓인 슬러지를 깨끗이 청소하고 모아 둔 고수를 넣고 새물 20~30%를 보충합니다.

새 물로 갑자기 바꾸는 것이 아니고 고수를 70~80% 정도 사용하여 천천히 새로운 환경에 적응할 수 있게 하는데 이것이 봄에 하는 환수의 기본입니다.

겨우내 변하지 않고 있던 환경에 환수의 비율을 무시하고 갑자기 많은 양의 새물이 들어오거나 바뀌면 환경급변으로 인하여 반드시 병이 오게 됩니다.

◎ 난주는 환수에서 변화를 느끼고 깨어납니다.

조금씩 수온도 점점 오르지만, 수온이 많이 오르는 4월까지는 반드시 고수를 많이 섞어서 환수를 해 주는 것이 좋습니다.

일반적으로 환수는 반드시 오전 일찍 하는 것이 좋습니다. 수온 15℃ 전후인 경우 고수 30~40%를 섞어줘야 하고 물 맞댐 시간도 천천히 여유를 갖는 것이 좋습니다. 가능한 맑은 날 오전에 환수하면 서서히 수온이 올라가면서 난주가 새로운 환경에 적응하기가 쉬워집니다.

◎ 난주의 병 80%는 환수 때 온다고 해도 과언이 아닙니다. 이것을 방지하는 최선의 방법은 계절에 맞는 적절한 비율의 환수입니다.

③ 여름의 환수

◎ 난주의 먹이 효율은 수온이 20℃가 넘어야 성장 효과가 있습니다.

여름은 난주 성장 최적의 조건입니다. 이 시기에 성장을 못 시키면 크게 자라기 힘듭니다.

수온은 25℃를 넘어 30℃ 이상이 되기 쉽고 난주들도 먹는 만큼 성장이 좋아지고 신진대사도 왕성해져서 수조의 물도 반나절 만에 금방 망가집니다.

이것에 대한 대책은 환수밖에는 도리가 없습니다.

따라서 여름에는 거의 매일 환수를 해야 하고 필요에 따라서는 하루에도 몇 번씩이라도 해야 할 경우도 있습니다.

그러나 장마라는 어려운 시기가 있으므로 역시 환수를 주의 깊게 해야 합니다.

여름이 시작되는 5월부터는 거의 100% 신수로 환수해도 되지만 가능하면 약간의 할수를 권하고 또한 물 맞댐을 차분히 하고 잘 숙성된 물을 사용하는 것을 권합니다.

◎ 비가 오거나 흐린 날의 경우 환수를 하면 원칙적으로는 피해야 하는 날입니다만 환수가 필요하다면 언제든 환수를 하는 것이 좋습니다.
◎ 만일 바빠서 환수하지 못한 경우는 먹이를 주지 않는 것이 좋습니다.
◎ 사육수의 청수가 진한 경우는 부분 환수로는 안 되고 100% 환수를 해야 합니다.

④ 가을의 환수

난주가 가장 난주다운 모습을 보이면서 아름답게 보이는 시기입니다. 넋을 잃고 그동안의 노력의 결과를 바라보며 감상에 빠지게 됩니다.

아침과 저녁으로 온도가 낮아지고 수온도 낮아지기 시작해서 여름에 비해서 그나마 수질 유지가 양호해집니다.

다시 청수 사육이 용이해지고 품평회용의 경우 선명한 체색을 위해서 색상 강화 먹이도 같이 급이 하면서 청수에서 마무리 사육을 합니다.

한낮에는 아직도 뜨거운 햇빛의 영향으로 청수가 진해지기 때문에 적당히 차광도 필요합니다.

여름보다 환수 주기가 늘어나지만 수조의 물을 **흰 그릇에 떠서** 보거나 **수조 바닥의 흰 접시의 색**을 보고 환수를 판단합니다. 이때 여름과 같은 100% 방식이 아닌 적당한 고수를 섞는 것이 좋습니다. 이제부터 서서히 환수 시 고수의 양이 많아지는 시기입니다. 다시금 할수의 양에 신경 써야 합니다.

늦가을이 되는 10월 말부터는 지역에 따라 밤에 10℃ 이하로 수온이 내려가는 곳도 있습니다. 서서히 동면을 준비하는 시기이기도 합니다.

◎ 늦가을 환수 때마다 깨끗한 윗물은 잘 모아둡니다. 이 청수는 그늘에 있어도 맑아지지 않는 일반적인 청수와는 다른 청수이기 때문에 이것을 만들어두면 난주의 동면에 큰 도움이 됩니다. 특히 응달에서 동면해야 하는 경우에는 대단히 요긴하게 쓰이는 필수 준비물입니다.

⑤ 겨울의 환수

난주 사육은 환수의 연속이라 할 정도로 동면에 들어가는 마지막 수조 청소와 환수가 끝나면 앞으로 최소한 100일 정도는 환수 없는 시간이 됩니다.

동면에 들어가기 전에 수조의 벽면과 바닥면을 깨끗이 청소합니다. 이제 약 3개월간 난주들이 머물 곳입니다.

깨끗한 수조에 만들어둔 청수를 넣고 먹이를 주면서 청수를 좀 더 진하게 만듭니다. 이윽고 청수가 잘 만들어지고 수온이 10℃ 이하로 내려가면 난주들에게는 더 이상 아무것도 해 줄 것이 없습니다. 그저 편하게 잘 자게 두는 것뿐입니다.

동면 준비가 번거로울 뿐 그 이후는 특별히 신경 쓸 것은 없습니다. 난주는 잠자고 난주 사육자도 오랜만의 편안한 휴식입니다. 가끔 난주의 건강상태를 살펴보고 물의 상태를 살피는 것만으로도 충분합니다.

봄이 가까워지고 잠에서 깨우기 위할 때 무렵 혹은 조금씩 수온이 올라

가면서 간혹 청수의 농도가 너무 진해지는 경우가 있습니다. 그런 경우 소량 물을 조심스럽게 환수할 수도 있습니다.

◎ 물 관리는 1월 말이나 2월 즈음 자연증발로 인해 줄어든 사육수만 약간씩 보충하는 것만으로 겨울의 물 관리는 충분합니다.

　　절대 환수라든지 오물을 건져낸다고 수조를 휘젓는 등 괜히 난주를 자극하는 쓸데 없는 행위는 금물입니다.

月	수 온	환 수	상 황
1~2월	0~10°C	1월 0회, 2월 1~4회 (할수=고수6 : 신수4)	난주들은 평온하게 동면하고 있습니다. 급이는 필요 없습니다. 겨울에는 연못을 판자 등으로 덮어 단열하는 것을 [겨울담]이라고 합니다. 한달에 1~2번은 청수 상태를 확인합니다. 만약 연못의 수위가 감소했다면 같은 온도나, 약간 높은 온도의 신수를 보충합니다.
3월	7~17°C	4~6회 (할수=고수5 : 신수5)	동면에서 난주를 깨웁니다. 청수의 농담(짙음과 옅음)으로 주의를 요합니다. 먹이는 잘 먹습니다만, 과식에 주의. 따뜻한 해이거나 지역에서는 중순부터 산란이 시작됩니다.
4월	10~22°C	5~6회 (할수=고수4~5 : 신수5~6) 당세(치어) 환수 : 7일에 1회 (할수=고수5 : 신수5)	전국적으로 산란의 시기를 맞이합니다. 그러나, 빠른 산란과 과격한 환수, 과식은 주의. 품평회용의 2세나 3세어도, 4~5월이 어체를 완성하는 가장 중요한 시기입니다.
5월	10~25°C	5~8회 (할수=고수3~4 : 신수6~7) 당세(치어) 환수 : 6~8회 (할수=고수5 : 신수5)	산란과 부화, 난주의 번식을 하는 사람에게 있어서는 가장 즐겁고, 또 치어의 선별로 매우 바쁜 시기입니다. 5월 중순부터 난주업자의 첫판매가 시작됩니다.

월	온도	환수
6월	15~28°C	5~8회 (할수＝고수3：신수7) 당세 6~8회 (할수＝고수3~4：신수6~7)
7~8월	22~30°C	7~8회 (할수＝고수1：신수9)
9월	20~28°C	전반 7~8회 (할수＝고수1~3：신수7~9) 후반 7~8회 (할수＝고수4：신수6)
10월	18~25°C	전반 6~7회 (할수＝고수4：신수6) 후반 6~7회 (할수＝고수5：신수5)

초심자가 난주 사육을 시작하기에는 가장 좋은 시기입니다. 이는 흑자(유어)의 색이 변하고, 체험의 변화를 즐기면서, 가을까지 당세어를 계란크기까지 키우기 때문입니다. 금년에 태어난 흑자는 색갈이가 시작되고, 월말에는 각지에서 애호회에 의한 연구회나 전문업자, 온라인상에서도 판매가 시작됩니다.

작은 물고기는 새끼손가락크기, 큰 물고기는 엄지손가락크기로, 치어의 대소 차가 커지는 시기입니다. 수온도 25°C에서 30°C로 상승합니다. 7~8월은 물고기가 가장 잘 자라는 시기입니다만, 사육수도 쉽게 오염됩니다. 환수는 정기적으로 행하고 수질악화에 의한 발병을 예방합니다.

상순은 늦더위가 심하고, 하순은 가을다워집니다. 환수의 削水는 상순에는 청수(고수) 1할 이하입니다만, 온도가 내려가는 하순은, 자극을 억제하기 위해 청수 3할 정도로 늘립니다. 가을햇볕은 강하게 비추고, 수온은 점점 낮아져 청수가 되기 쉽고 난주의 색도 선명하게 됩니다. 유어는, 부화 후 120~150일이 되면 머리(육류)도 몸체도 완성에 가까운 모습이 됩니다.
6월 경 사육을 시작한 난주가 어디까지 성장할까? 업자의 물고기나 베테랑의 물고기와 비교해보면 좋겠지요. 9월부터는 전국 각지에서 난주 품평회가 시작됩니다.

10월 중순에는, 가을비가 내릴 때는 10도대, 맑게 갠 가을 날씨때는 28°C로 기온차가 심하고, 가을아가미라 불리는 아가미병에 걸리기 쉽게 됩니다. 환수시의 할수도 청수(고수)의 비율을 늘리고, 청수를 양호하게 유지한다. 먹이는 약간 적을 정도로 한정한다. 먹이를 구해 자주 수영하며 도는 상태이면 수컷은 몸이 야무지고 골격이 크고 다부지게 되며, 암컷은 둥실둥실하게 몸의 폭이 만들어져 간다. 난주의 모양은 부화 후 150~200일이면, 당세어로서 완성된 몸이 된다.
9월부터 10월 내내 일요일, 전국 각지에서 품평회가 열리고 있다.

월	수온	환수
11월	7~15°C	3~4회 (할수=고수5:신수5)

10월 하순부터 11월 상순은, 하루 20°C 가까이 수온이 올라가는 경우가 있지만, 아침에 기온이 많이 떨어지기 때문에 밤에는 연못을 판자 등으로 덮어 보온한다. 물고기는 이것으로부터 겨울로 향해가면서 식욕이 왕성하게 됩니다만, 과식은 안 됩니다. 중순부터 하순은 더욱 더 수온도 떨어지고 유영하는 모습도 완만하게 됩니다. 그러면서 동면으로 들어가기 위해 겨울담을 만들기 시작한다. 환수도 할수의 고수 비율을 더욱 늘려 청수의 색을 약간 진하게 한다.

12월

12월 초의 온난한 날에 올해 마지막 환수를 한다. 할수는 청수(고수)8:신수2로, 동면용으로 정성들여 청소한 연못에 바꿔 넣고 올해 난주 사육을 마감합니다. 그 후는 주에 한번, 청수의 상태, 물고기가 병에 들지 않았나를 살펴 주세요. 따뜻한 날에는 수온도 올라갈 때도 있지만, 급이는 하지 않습니다. 여름내내 건강하게 키운 물고기는, 동면 중 체력도 있기 때문에 2개월 이상의 동면을 견뎌 냅니다. 또 병원균의 활동도 저수온에서 정지합니다. 겨울 동안은 가끔씩 수질을 확인하는 것만으로도 괜찮습니다. 동면은 가을의 관리가 중요하고 건강한 상태로서 월동시키는 것이 가장 중요하다.

◎ 실내나 비닐하우스 등 단열을 하고 히터를 사용해서 기르는 경우는 당연히 계절의 표준 수온보다 높습니다. 따라서 히팅을 하는 수조는 수온에 따른 환수를 해야 합니다.

"산란에서 품평회까지"

난주의 번식과 치어를 기르는 전 과정의 기록

PART 4
난주 사육의 1년

01
동면 준비에서부터
동면에서 일으키기

① 10월의 마무리 : **품평회 이후 동면 준비**

수조의 물을 다 뺀 후 수조의 바닥입니다. 청소한 지 얼마 되지 않았는데 벌써 벽면과 바닥이 더럽습니다. 평소 같으면 할 필요가 없는데 긴 겨울을 나기 위해서는 마지막 청소를 꼼꼼하게 해줘야 합니다. 아무리 깨끗이 해도 봄이 되면 바닥에 슬러지가 가득 생깁니다.

환수했지만 고수를 많이 넣어서 물색은 푸르스름하게 여전히 청수입니다. 앞으로 겨울을 견디기에 좋은 물색입니다. 고수를 많이 넣어서 난주들도 새물에 적응이 아주 좋습니다.

오늘은 일단 금식입니다. 현재 수온은 14~15℃입니다. 10℃로 내려갈 때까지는 계속 급이합니다. 암컷들의 배는 통통하게 벌써 알이 차있습니다.

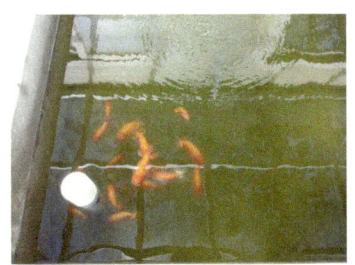

② 11월 중반 : **종어용 수조 관리**

난주의 조기 산란을 목적으로 관리하는 수조입니다. 설치한 지 일주일 정도 된 상황입니다. 수온은 15℃ 정도로 맞춰져 있습니다. 오전에 1~3회 정도 사료를 급이 하고 있습니다. 덕분에 난주들의 살도 적당히 올라서 보기 좋습니다. 청수도 아주 잘 만들어져서 이제 약 2주 정도 관리하면 계획대로 오는 12월 즈음에는 동면에 들어가면 될 것 같습니다.

③ 1월 말 : **겨울잠에서 일으키기**

날씨가 좋고 포근한 일요일입니다. 사육장 안의 온도는 15℃ 정도입니다. 온도를 높인 종어수조의 수온은 16℃ 정도입니다. 종어들이 잘 보이지 않을 정도로 청수가 진해져서 환수를 하기로 했습니다. 밖에도 따뜻하고 하우스는 단열과 햇빛 덕분에 15℃ 정도로 온도가 올라서 따뜻합니다.

이제 조금씩 고대하던 날이 다가옵니다. 한 시간 정도 걸쳐 환수하고 장구벌레를 조금 급이했습니다. 아직은 조금만 줍니다. 다음 주에 수온을 18℃ 정도로 올리면 그때부터 급이량을 늘일 생각입니다.

02
산란의 기초

가을부터 50일 정도의 동면 전 몸을 만드는 준비기간이 반드시 필요합니다. 동면은 50일 정도면 충분하고 또다시 50일 정도의 회복 시간이 필요합니다. 즉 난주의 산란을 준비하는 기간은 총 150일 정도가 필요합니다. 이것은 자연의 순리인 가을에서 겨울로 또 겨울에서 봄으로 가는 자연스러운 과정을 인위적으로 조절한 것인데 산란을 앞당기려면 필수과정입니다.

겨울이니까 대책 없이 동면에 들어가는 것은 난주를 빨리 죽게 하는 행위라 생각됩니다. 번식을 생각한다면 자신의 상황과 계획에 맞춰서 시작과 끝나는 시간을 조절하고 친어들을

정성껏 관리해야 하는 것입니다. 이 과정을 대충 넘어가기 때문에 많은 난주들이 일찍 죽는다고 생각합니다. 만일 운 좋게 살아남았다 하더라도 당세어 때 좋았던 모습이 이세어 삼세어가 될 때까지 이어지지 못하고 오히려 평범한 난주로 남게 되는 것입니다.

◎ 적절한 관리를 받고 자란 난주의 보통 크기는 이세어 때 15~18cm 삼세어 때 18~20cm 이상의 크기가 정상입니다.

3월 초에 산란을 예정이면 12월 초에는 동면에 들어가야 합니다. 앞으로 약 90~100일 정도는 암수 모두 성적(性的)으로 숙성되는 시간입니다. 이 시기를 잘 견디려면 적어도 동면 전 50일 동안(10~12월)은 아주 건강해야 합니다. 모든 것에 준비가 필요하듯 살아있는 생물인 난주의 경우는 더욱 세심하게 미리 계획하고 준비하는 과정이 필요합니다. 동면 전부터 충분한 영양섭취와 건강관리를 해야만 힘든 겨울을 잘 견딜 수 있고 번식도 성공할 수 있습니다. 만일 **이 기간에 병에 걸린 경우는 동면을 시키면 안 됩니다.**

◎ 난주완성까지 약 150일 그리고 산란을 위한 과정 약 150일 이 난주의 메커니즘입니다. 첫 50일은 동면을 위하여 봄을 만드는 시기로서 양질의 먹이를 먹고 봄에 지방을 비축해 두는 시기입니다. 중간 50일은 동면 후반 50일은 서서히 동면에서 깨어나는 시간입니다.

◎ 사실 동면이란 난주의 입장에서는 피하고 싶은 괴로운 시간입니다. 관상을 목적으로 기르는 경우 안락한 실내에서 사는 것이 난주의 무병장수에는 더 좋습니다.

겨울 동안 5℃ 정도의 수온에서 동면을 했다면 약 2주간 수온을 서서히 올려서 약 10℃ 이상이 되면 수조를 대청소합니다. 겨우내 수조의 벽과 바닥에 쌓인 묵은 때도 깨끗이 씻어냅니다.

기존의 수온보다 1~2℃ 높은 수온의 신수 약 20% 정도를 보충합니다. 신수를 많이 사용하면 물이 깨끗해져 보여서 기분도 좋고 상쾌하게 느끼겠지만 이 시기에 난주가 스트레스를 받으면 봄에 병으로 발전해서 죽을 수 있습니다. 첫 환수는 고수를 많이 사용하는 것이 대단히 중요합니다.

겨우내 진한 청수에서 지내왔던 난주는 비록 적은 양이지만 새로운 물에 의한 자극으로 비로소 계절의 변화를 느끼게 됩니다.

환수 후 수온은 12~13℃ 정도로 조정하고 일주일 정도 적응시키면서 급이도 조금씩 합니다. 환수 당일은 절대 금식입니다.

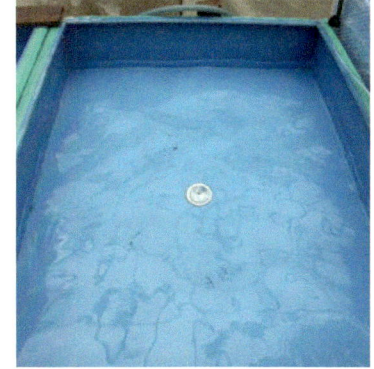

1. 종어 관리

환수 후 수온 상승에 따라서 난주들의 컨디션은 점차 좋아집니다. 한층 깨끗한 청수에서 활발하게 노는 난주를 바라보면 설레고 기대가 됩니다. 수온을 조금씩 올려서 15℃ 정도가 되면 급이량을 조금 더 늘입니다.

초기 먹이는 가능하면 장구벌레 같은 소화가 잘되는 양질의 사료를 급이하는 것이 마음이 편합니다. 아직도 몸은 전반적으로 정상 컨디션이 아니고 수온도 그리 높은 편은 아니기 때문에 단백질 함량이 너무 높은 사료는 피하는 것이 좋습니다. 가급적 단백질 함량이 낮은 것을 급이하는 것이 소화기관에 무리를 주지 않기 때문에 적절하다고 생각합니다. 그러나 번식을 목표로 한다면 사료보다는 장구벌레를 중심으로 급이하면 더 효과적입니다.

시간을 들이는 차분한 기다림의 기간입니다.

시간이 흐를수록 암컷은 서서히 배가 불러오고 수컷은 가슴지느러미에 추성이 발달하기 시작합니다. 비로소 암수를 나눠 사육해야 합니다. 이 시기부터 본격적인 산란을 준비하는 때입니다.

2. 산란 준비

난주 브리더들은 해마다 새로운 조합을 구상합니다. 좋은 종어를 선택하고 동면을 지나고 잠에서 일으키는 과정은 결국 산란을 성공시켜 우수한 치어를 받으려는 과정이며 이것이 **난주 사육의 핵심**이라 해도 과언이 아닙니다.

난주의 번식 타이밍을 기다리는 브리더(breeder)의 경우 번식기인 3월~6월(빠르면 1월부터)은 난주를 사육하는 일 년 중 가장 조심스럽고 날씨에도 예민한 시기입니다. 성공적인 산란을 위해서는 종어들의 컨디션을 좋게 유지시켜야 하고 산란 시기에 맞춰 실수가 없도록 여러 가지 준비가 필요하기 때문입니다.

산란은 거의 사리 전후에 이루어지기 때문에 미리 날짜도 알아두는 것이 좋습니다. 사리 전후 날씨는 대부분 비가 오거나 흐린 경우가 많습니다. 일설에 의하면 햇빛의 강한 자외선이 수컷의 정자를 약하게 하여 수정을 방해한다고 하는데 그 때문인지 대부분의 자연 산란의 경우 햇살이 약한 밤이나 이른 새벽 시간에 산란을 많이 합니다.

① 산란 수조

미리 준비해 둔 깨끗한 수조에 새 물을 받아둡니다.

수조의 크기는 1,000cm×800cm 정도의 수조가 무난합니다. 한쪽 구석에 어소를 둡니다. 수온은 약 20℃ 정도로 맞춰 두고 에어레이션으로 물을 활성화 시킵니다.

◎ 어소 만들기

어소 철물점에 판매하는 비닐 바인더를 이용해서 만듭니다. 그 외에 여러 가지를 나름대로 응용해도 좋지만 중요한 것은 부드러워야 합니다. 암컷의 부드러운 산란관은 거친 물체에 닿으면 상처입기 쉽습니다. 가능한 비닐을 잘게 찢어서 친어들이 다치지 않게 신경 써줘야 합니다. 절대 산란관을 손으로 만지는 행위도 하면 안 됩니다.

평소에는 둔해 보이는 난주지만 산란 행동은 생각 이상으로 격렬합니다. 그렇기 때문에 수조에 어소를 단단히 고정시키는 것도 중요합니다. 바닥이 매끄러운 경우는 키스고무를 이용하고 그렇지 않은 경우는 돌이나 볼트 쇠사슬 등 무거운 것에 매달면 됩니다.

준비물 : 바인더, 키스고무

1. 약 20~25cm 정도의 길이의 바인더를 자릅니다.
2. 반으로 단단히 잘 묶습니다. 풍성할수록 좋습니다.
3. 키스고무나 돌 등 무겁거나 부착이 가능한 것에 묶습니다.
4. 묶인 바인더를 잘게 찢습니다.

② 친어의 준비

친어들의 수조에서 추미가 발견되면 신속히 암수를 따로 분리합니다. 합사 상태에 있으면 수컷과 암컷은 필요 없는 에너지 소모로 정작 산란 시에는 제 역할을 못하는 경우가 종종 생깁니다. 암컷의 경우 준비가 부족하다고 느껴지면 양질의 청수가 준비된 수조로 다시 보내 급이량을 늘여서 포란을 촉진합니다.

반대로 충분하면 급이를 중단하고 숙성에 역점을 두는 등의 관리가 필요합니다. 수컷의 경우는 급이를 줄이고 적당한 청수에서 활발히 운동을 시키는 것이 좋은 결과를 보여줍니다.

③ 합사

암수가 분리된 상황에서 잘 관찰을 해 보면 산란이 임박한 암컷은 행동이 평소와는 다른 점을 발견합니다. 산란 일이 가까워지면 어소에 몸을 비비거나 수조의 가장자리를 비비듯 헤엄치고 또는 어소 위에 올라가기도 하는 그야말로 산란의 기미가 보입니다. 이때 뜰채 등으로 잡으면 자극으로 인해 산란을 해버립니다. 바가지나 세면기 등으로 물과 함께 조심스럽게 건져서 자극을 최소화하면서 산란 수조로 옮깁니다. 새 물에 적응하면 어소에 관심을 보입니다. 잠시 후 수컷을 합사시키면 얼마 후나 다음날 새벽에 산란이 시작되는 경우가 많습니다.

◎ 蘭鑄指南

수컷의 발정이 늦을 경우는 청수를 진하게 해서 산란소를 넣고 먹이를 적게 주면서 자유롭게 헤엄치게 하면 발정을 시작합니다. 잦은 환수와 수온상승으로 효과가 있다고 하지만 오히려 수질 급변으로 아가미병이 오거나 방정이 적어서 수정률이 나쁘게 되는 경우도 있습니다.

④ 산란 후 친어 관리

산란이 끝나면 암수는 반드시 분리합니다. 방치하면 산란으로 인해 배가 고픈 친어들이 알을 다 주워 먹어버리기 때문입니다.

산란을 마친 친어들은 반드시 약욕이나 소금욕을 시킵니다. 약욕 시간은 약 1~2시간 정도면 충분합니다. 그 후 각각 본 수조로 돌려보내고 조용한 환경에서 차분히 요양시키는 것이 좋습니다. 이때 주의 할 것은 **산란수조와 본 수조와의 수온 차이를 주의해야 합니다.** 더욱이 산란으로 지친 몸에 수온의 급변은 최대의 스트레스를 줍니다.

며칠간 산란 준비로 배가 고플 것이라는 생각에 먹이를 주고 싶겠지만 급이 마저도 중지하고 편안한 상태에서 2~3일 정도 요양을 하게 배려해 주는 것이 가장 좋습니다.

암컷의 경우 다시 급이 후 **7~10일** 정도면 다시 포란을 해서 산란이 가능해 지지만 급이를 억제하면 산란하지 않습니다.

산란 후 수조에는 수생균과 곰팡이를 방지하기 위하여 메틸랜블루[2]나 마라카이트그린 등의 약제를 투여합니다. **약 100L 수조에 20~30ml** 정도를 넣으면 곰팡이의 확산을 현저히 줄여주고 자외선을 차단하는 역할도 동시에 합니다.

수조도 썬라이트나 갈대발 등으로 가려서 자외선 차단을 합니다.

수조의 수온은 20℃ 정도에 맞추면 5일 정도면 부화합니다. 보통 4일째부터 조금씩 부화가 시작되는데 이때 수온을 24℃ 정도로 올리면 치어들이 동시에 부화하게 됩니다. 알들의 부화시기가 같아서 단번에 부화해야지만 치어들의 성장도 고르게 돼서 결과가 좋다고 합니다.

---

2 메틸랜블루 제조법 : 메틸랜블루 가루 0.3g + 에탄올 10~20ml + 물 100ml

3. 인공수정

원하는 종어의 형질을 닮은 자어를 만들 수 있는 가장 확실한 방법입니다. 자연수정률은 평균 50% 이하이지만 인공수정의 경우 암컷의 알이 잘 숙성됐으면 90% 이상의 수정률을 보입니다.

인공수정 시 꼭 지켜야 할 점은 반드시 자연산란을 하고 있는 상태이거나 최소한 추미를 할 때만이 가능합니다. 처음에는 어렵고 번거로워 보이지만 암수의 조건만 좋으면 시간도 절약되고 원하는 자어를 만들기에는 가장 확실합니다.

◎ 인공수정

준비물 : 유리그릇, 바셀린, 식염수

1. 유리나 도자기재질의 그릇을 준비합니다.
2. 바셀린을 그릇 안쪽 표면에 적당히 펴 바릅니다.
3. 식염수 100~200ml를 그릇에 넣습니다.
4. 수컷의 정액을 먼저 짜 넣고 잘 섞어줍니다.
5. 암컷의 알을 정액이 녹아있는 그릇에 짜서 넣습니다.
6. 손으로 저어 서로 섞이게 합니다. 약 2~3분 정도 그대로 둡니다.
7. 수조에 붓기 전에 알들이 잘 퍼져 안착 되도록 살살 흔들면서 수조에 넓게 뿌려줍니다.
8. 산란 후 처리는 동일합니다.

◎ 식염수와 바셀린의 역한

알은 점착성이 강하기 때문에 바셀린을 그릇 내부에 발라두면 들러붙지 않게 됩니다. 식염수는 체액과 같은 0.6%의 염도로 식염수에 알이나 정자를 받으면 물고기 체내의 상태와 같습니다. 수조의 물과 섞이는 수조의 물과 닿는 순간부터 수정됩니다.

03
산란과 부화

◎ 蘭鑄指南 암컷에 수컷을 넣는다

암수의 발정이 확인되면 청수 2~3할 신수 7~8할의 물을 채운 수조에 어소를 넣고 암 : 수(1 : 3~4마리)를 풀어 넣습니다.

① 2월 말 : 난주 농사의 시작

산란을 했습니다. 산란을 대비해서 일찍 일어나려고 했지만 잠을 설치다가 오히려 더 늦게 일어났습니다. 벌써 어미들이 많이 주워 먹었는지 보이는 알 수가 생각보다 좀 적습니다. 인공수정도 추가했습니다. 어제 하루 종일 고민한 수컷을 사용했습니다. 내일 저녁이면 수정 여부를 확실히 알 수 있을 것 같습니다. 적어도 아마 2,000수 이상은 되리라 생각합니다.

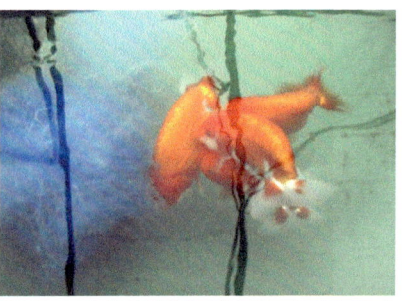

자연 산란하는 난주 암·수 비율 (1:3)

산란 후 조치 온도계 20도 셋팅, 발을 이용한 자외선 차단

2차 산란까지는 앞으로 보름 정도 시간이 있습니다. 그때는 좀 더 많은 양의 알을 받을 수 있도록 준비를 잘해야겠습니다. 바야흐로 난주 농사 시즌입니다.

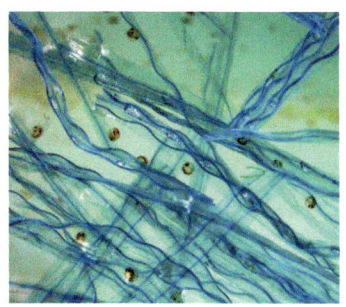

◎ 수정 3일 정도의 발생 중인 난주의 알

산란 후에는 몇 가지 조치가 있습니다. 먼저 산란과정에서 생긴 오염된 수조의 물을 바꿔 줍니다. 그 이유는 앞으로 첫선별을 하는 2주간은 환수하기가 어렵기 때문입니다. 그리고 메틸렌블루 같은 곰팡이 방지약을 넣은 것도 중요합니다. 또한, 산란 후 발을 수조에 덮어서 자외선을 직접 닿지 않게 알을 보호합니다. 수온은 가능한 20℃로 맞춰두면 가장 좋은 치어가 나온다고 합니다. 부화 시간은 산란일로부터 약 5일 정도 걸립니다.

② 3월 4일 : **부화**

부화 직후 바닥에서 쉬고 있는 치어, 수조 벽에 붙어서 쉬고 있는 건강한 치어

수온 20℃ 5일 예정대로 오늘 부화가 완료됐습니다. 4일 째부터 부화되기 시작해서 5일이면 모두 다 부화가 완료됩니다. 마릿수가 적어서 아쉽기는 하지만 그래도 올해 만난 첫 난주들입니다. 가장 애정을 갖고 키우게 되는 첫정이라고 할 수 있습니다. 보통 1/2,000의 비율로 괜찮은 개체가 나온다고 했을 때 현재의 상황은 그다지 만족스럽지 않습니다만, 희망과 기대를 갖고 열심히 달려봅니다.

◎ 보통 20℃에서 5일 정도에 부화된 치어가 가장 좋다고 합니다. 4일 즈음부터 부화가 시작되는데 부화를 발견하면 단번에 수온을 3~4℃ 올려서 일시에 부화되도록 조정을 하는 것이 좋습니다.

③ 3월 5일 : **치어 날다**

침자들이 활발히 날아다니기 시작했습니다. 어소 사이에서 편안함을 느끼는지 사이사이 숨어있습니다. 볼 때마다 느끼지만 참 작습니다. 이 녀석들이 몇 달 만에 몇 만 배로 성장한다는 것이 믿어지지 않습니다. 뱃속의 난황을 소비하기 전이기 때문에 아직 급이는 필요 없습니다. 내일부터 계란을 급이 할 예정입니다. 역시 생각보다 치어의 수는 많습니다. 무난히 2,000尾 이상은 보입니다.

◎ 계란 노른자 급이

부화 후 이틀 정도는 뱃속의 난황을 흡수합니다. 이 동안은 움직이지 않고 사진과 같이 가만히 바닥이나 벽에 붙어있습니다. 난황이 다 흡수되어야 비로소 먹이를 찾아서 조금씩 움직이기 시작합니다. 아직 어리기 때문에 먹이를 찾아다니기보다는 눈앞에 있는 것에 반응을 보이는 정도라 할 수 있습니다. 살아있는 먹이가 중요한 이유입니다. 계란 노른자 급이가 시작되면 본격적인 사육이 시작됩니다. 처음 급이의 경우는 대부분 과다 급이로 인한 수질오염 때문에 실패합니다. 침자는 아주 작기 때문에 아주 작게 급이 해도 충분합니다. 조금씩 자주 급이 하는 것이 제일 바람직하지만 하루 1~2회로 충분합니다.

④ 3월 9일 : 환수와 쉬림프 급이

첫 환수와 쉬림프 급이를 했습니다. 산란 후 한 번도 환수를 못 해서 사육수가 청수가 되었습니다. 치어 때는 치어들의 식욕촉진과 관리를 위해서는 맑은 물에서 기르는 것이 효과적입니다. 가능하면 치어 수조는 햇빛이 덜 비치는 곳이나 혹은 가려주는 것이 좋다고 생각됩니다. 환수한 후는 침자들이의 상태가 잘 보여서 관리가 훨씬 쉬워집니다. 쉬림프를 먹인 후 금방 배가 빨갛게 되는 것을 보면 흐뭇해집니다.

◎ 쉬림프가 담수에 들어가면 3~4시간 동안은 생존합니다. 좀 더 오래 살리기 위해서 수조에 소금을 넣어 염도를 0.2%로 하면 장시간 살려두는 데 효과가 있습니다.

⑤ 3월 12일 : 부화 9일

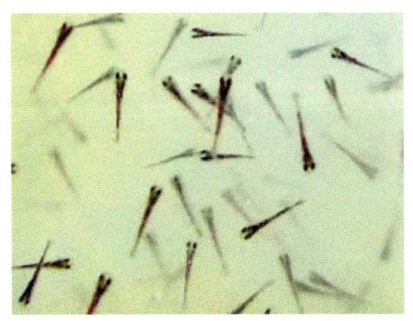

이제 확실한 존재감이 있습니다. 돋보기로 살펴보면 쉬림프를 잡아먹는 모습을 확실히 볼 수 있습니다. 수질은 맑지는 않지만, 박테리아의 활동으로 오물 분해가 잘되고 있어서 수질도 좋습니다. 쉬림프 급이 때 냄새를 맡아보면 수조에서 수박 냄새가 나면 좋은 상태라고 생각합니다. 이때는 침자들의 컨디션과 먹성도 아주 좋습니다. 쉬림프는 매일 부화시켜 급이하는 것이 가장 좋습니다. 그러나 직장으로 여의치 않은 경우는 살려두고 먹일 수 있습니다. 특히 이른 봄철에는 기온이 낮기 때문에 쉬림프를 살려서 보존하기가 아주 용이합니다.

작은 수조에 넣어두면 저수온으로 바닥에 가라앉아 있다가 쉬림프망으로 떠서 급이하면 됩니다. 여러모로 편리하기 때문에 외출 시 믿을만한 사람에게 부탁하기도 무리가 없습니다.

◎ 쉬림프 보관법

작은 수조에 소금을 0.4% 이상되게 넣고 에어레이션을 하면 됩니다. 가능한 에어레이션은 부드럽게 하는 것이 좋고 이때 먹이로 물벼룩 먹이나 녹조분말을 아주 조금 넣어주면 좋습니다.

⑥ 3월 18일 : **부화 15일**

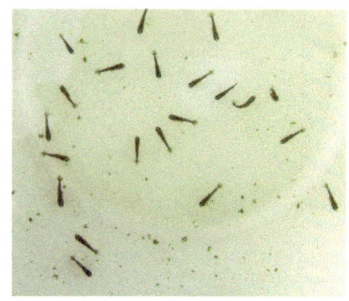

이제 부화 2주 차입니다. 이 시기부터 선별이 가능합니다. 이제 몸의 정상 여부도 잘 보이고 꼬리도 어느 정도 벌어져 있기 때문에 대충 봐도 여기저기 선별해야 할 개체들이 보이게 됩니다. 공간에 여유가 있어서 수조를 더 넓힐 수 있으면 마릿수를 나누어서 일주일만 정도 더 키워서 확실하게 선별하는 것도 나쁘지 않습니다. 하루 차이로 성장이 달라지기 때문에 초심자들은 일주일 차이로 훨씬 즐겁고 손쉬운 선별이 가능하게 됩니다. 사진으로 비교해 보면 며칠 사이 성장의 차이가 느껴집니다. 환수도 하고 배양하던 물벼룩을 급이 했습니다.

⑦ 3월 22일 : **부화 19일** (1차 선별)

부화 후 2주 후에 하는 선별을 개인 사정으로 인해 5일이나 늦어져서 20일이 됐습니다. 더 자란 덕분에 훨씬 물고기다운 모양이 됐습니다.

올해는 특별히 물벼룩 배양이 잘 돼서 쉬림프와 같이 급이를 할 수 있었습니다. 그 영향인지 침자들이 더욱 튼실해 보입니다. 앞으로도 가능하면 물벼룩을 많이 먹이고 싶은 마음입니다. 튼실해진 만큼 앞으로 다가올 2차 선별이 기대됩니다.

약 500마리 정도로 남겼습니다. 많은 수가 아니라서 적당히 즐길 수 있는 마릿수라고 생각합니다. 부모의 특징을 잘 이어받았기를 기대합니다.

◎ 蘭鑄指南 (제1회 선별)

부화한 치어들 중 장래성 있는 개체를 남기는 것이 선별입니다. 경험자 중에서는 부화 후 2번째의 환수 때 선별하는 경우도 있지만, 초심자의 경우는 치어를 두 개의 수조에 분리 사육하여 좀 더 성장한 2~3주쯤 하는 것이 훨씬 수월하고 좋습니다. 이즈음이면 꼬리의 모양도 정해져서 선별이 비교적 쉬어집니다.

◎ 제1회 선별

붕어 꼬리(一자꼬리) 말린 꼬리, 비뚤음, 이상 헤엄(헤엄을 똑바로 칠 수 없는) 바닥에 가라앉은 개체, 머리를 아래로 하고 있는 개체 등을 제거합니다. 몸이 곧바르고 꼬리가 퍼진 개체만 남깁니다. 경험자는 이 시기에 반 이상을 도태시킵니다.

◎ 선별국자 만들기

난주 선별 때 치어를 골라낼 사용하는 것입니다. 일반 국자도 가능하지만 모시조개 껍데기로 만든 것이 가볍고 치어를 고르기도 좋았습니다. 재료도 저렴하고 구하기 쉽고 성능도 아주 좋습니다. 필요한 분들은 직접 만들어 보시기 바랍니다.

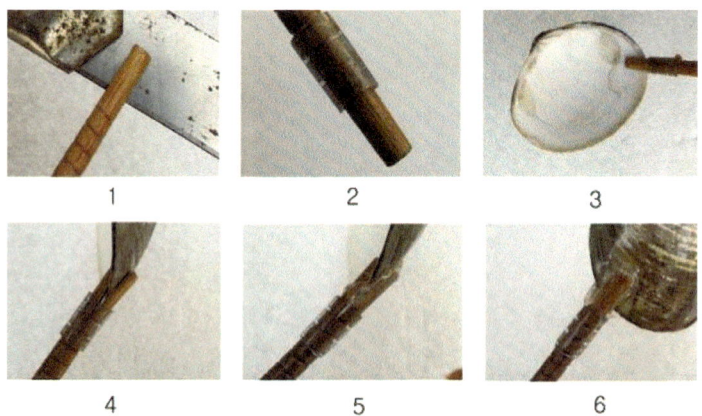

준비물 : 조가비(모시조개), 대젓가락, 에어튜브, 글루건, 칼

1 대젓가락의 중심부를 정확히 칼로 쪼갭니다. 약 1cm 이하가 효과적입니다.(중요)
2 에어튜브는 탄력 때문 대젓가락이 계속 갈라지는 것을 막아줍니다.
3 조가비 끼우기 : 약간 비스듬히 끼웁니다. 똑바로 끼우면 치어가 잘 안 떠집니다.
4 조가비 끼우기 : 대젓가락도 에어튜브의 탄력 때문에 더 이상 벌어지지 않습니다.
5 6 글루건 : 살짝 앞뒤로 살짝 발라서 조가비를 고정합니다.

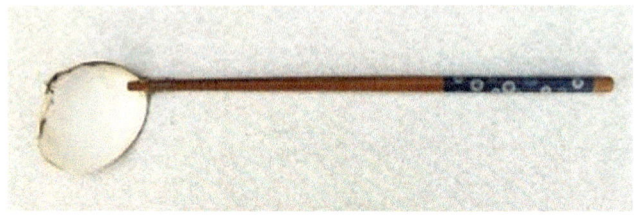

04
청자시기

① 3월 26일 : **부화 23일**

첫 선별 후는 성장이 아주 빨라집니다. 많이 자라서 이제는 누가 보더라도 물고기 답습니다. 요즘은 부쩍 꼬리의 발달도 눈에 띄게 좋아집니다. 주식은 쉬림프와 물벼룩입니다. 이시기에는 크기보다는 차분히 골격 형성과 몸을 만들어 가는 기본을 갖추는 시기입니다. 난주다운 몸을 만들기 위해서는 최소한 한 달 정도의 쉬림프나 물벼룩 급이는 중요합니다.

② 3월 30일 : **부화 27일** (2차 선별)

2차 선별입니다. 이번은 꼬리를 중점으로 봅니다. 꼬리의 모양과 각도를 보고 장래를 판단하는 많은 경험이 필요한 쉽지 않은 작업입니다. 마릿수가

적지 않아서 다행히 수월했지만 세심하게 봐야 하기 때문에 어느 정도의 시간이 필요합니다. 선별 때마다 많이 줄여야만 좋은 소질을 가진 개체가 본래의 소질을 잘 발휘하기 때문에 세심하고 과감해야 합니다.

◎ 蘭鑄指南 (제2차 선별)

1회째 선별보다는 몸도 커지고 꼬리도 잘 펴져서 고르기가 훨씬 쉽습니다. 먼저 1회 때 골라내지 못한 몸의 비뚤어짐과 말린 꼬리를 모두 제거합니다. 꼬리도 좌우균등하지 않으면 제거합니다. 이시기는 꼬리가 더 잘 보이기 때문에 먼저 미심을 주의 깊게 관찰해서 손잡이 꼬리나 꽂힌 꼬리 등을 제거합니다. 경험자는 선별을 3~4회 정도면 그동안의 경험으로 치어의 꼬리질의 윤곽을 대충 잡을 수 있습니다. 부화 후 10주 정도면 (흑자대관)이라고 하듯이 어느 붉고 기도 다 좋아 보이는 시기이지만 꼬리의 변화도 심해서 일희일비하는 시기이기도 합니다.

◎ 꼬리의 기준은 그림에서 B가 기본의 꼬리형태입니다. A의 경우 성장에 따라서 꼬리가 강하게 돼서 헤엄이 나쁘게 됩니다. 일반적으로 B와 C 사이의 꼬리를 남기게 되는데 계통에 따라서는 B와 C만 남기거나 A와 B만 남기는 경우가 있습니다. 그러나 이것은 어미의 계통이 확실히 파악되어 있을 때 가능한 선별기준입니다. 대체적으로 꼬리의 선별법으로 그림의 예시로는 한계가 있기 때문에 적지 않은 경험이 필요합니다.

◎ 경험자는 조금이라도 이상이 느껴지면 무조건 도태시킵니다.

③ 4월 5일 : **부화 33일**

완연한 청자입니다. 이 시기에는 적당히 급이하면서 체형을 만드는 것이 무엇보다 중요합니다. 보통 난주는 많이 먹여야 한다는 생각에 치어 시기부터 많이 먹이는 경우가 많습니다. 그러나 필요 이상의 급이를 하면 먹이의 낭비와 더불어 불필요하게 살이 붙어서 세련된 스타일의 난주를 만드는 데 도움이 되지 않기 때문에 그래서 적당히 자주 먹이는 것이 무엇보다 중요합니다. 분탄도 서서히 올라오고 본격적인 난주로 만들어지고 있습니다.

◎ 蘭鑄指南

　손잡이 꼬리는 미심의 단면이 둥글게 된 것이 아니고 두껍고 넓적하게 된 개체를 말합니다. 이런 경우는 품평회에서 탈락됩니다. 치어 때 위에서 보고 있으면 미심이 짙고 굵은 느낌의 개체는 손잡이 꼬리가 됩니다.

◎ 꽂힌 꼬리도 제거합니다. 꽂힌 꼬리는 미심이 꼬리의 밑동보다 몸의 끝에 찔려있는 것처럼 보이는 개체입니다. 위의 두 가지 불량어를 제거하면 이후의 선별이 가벼워집니다. 몸이 조금이라도 구불거리거나 비틀어 보이고 헤엄이 부자연스러운 것은 체형의 문제가 있는 것입니다. 경험이 많아지면 일순간의 망설임 없이 제거해 버립니다.

④ 4월 6일 : **부화 34일** (3차 선별)

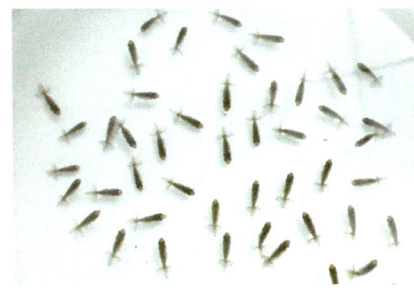

위에서 보고 있으면 나름대로 만족할 만합니다. 중간에 성장이 늦어 걱정했지만 괜한 조바심이었습니다. 성실히 관리한 덕에 무리 없는 속도로 계속성장하고 있습니다. 좋은 결실을 기대합니다.

◎ 蘭鑄指南 (옆선별)

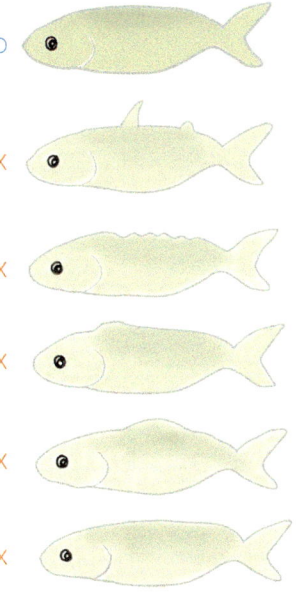

환수를 할 때마다 치어가 자란 것이 느껴질 정도로 치어의 성장이 빨라지는 시기입니다. 등의 결점은 이 시기부터 보게 되는데 보통 살짝 뜰채로 떠서 봅니다. 약간의 (함몰) (돌출) (등 높음) (머리 높음) (허리 높음) 등의 느낌이 있는 고기는 무조건 골라냅니다. 아쉬운 마음에 위에서 다시 보고 후일을 기대하고 싶겠지만 결국 자라서 봄이 더 커지면서 확실한 결점으로 보이기 때문에 나중에는 더 아쉬워 하면서 제거하게 됩니다. 등의 (돌출) (함몰) 등은 비교적 구별이 쉽지만 (허리 높음) (통뼛음) (통꽂힘) 등은 물고기가 성장하기 전까지는 확실하지 못해서 경험자들도 어려운 부분 입니다. **작을 때의 등은 (一)자의 모양이 좋습니다. 등의 완성은 시간이 다소 걸리기 때문에 어릴 때 성어의 모양을 하고 있는 개체는 성장 후에는 헤엄이 불가능해집니다.**

헤엄의 모습으로도 선별하는데 곧게 나아가는 모습이 아닌 어딘가 불안정한 헤엄은 무조건 제거합니다.

⑤ 4월 10일 : **부화 40일 (4차 선별)**

난주는 역시 어렵습니다. 기대를 가져서인지 더 아쉽게 느껴집니다. 아직까지는 위에서 보는 선별을 중심으로 하지만 다음에는 옆모습인 등허리의 선별도 해서 최대한 큰 결점을 골라냅니다. 선별이 끝나고 나면 몇 마리나 남을지는 알 수 없습니다.

⑥ 4월 13일 : **청자의 끝자락**

선별한 개체 중 한 마리입니다. 아쉽지만 기본은 갖췄다고 생각했는데 사진으로 살펴보니 아쉬움이 많이 보입니다.

꼬리는 살짝 꽂힌 꼬리이고 손잡이 꼬리 느낌까지 보입니다. 미견의 앞당김도 평범한 수준입니다. 열심히 선별했지만, 결과물은 항상 기대에 못 미칩니다. 그러나 이 정도의 개체는 전반적으로 큰 결점은 없어서 관상용으로는 충분할 것으로 생각합니다.

최근 들어서는 난주들의 먹성이 눈에 띄게 좋아지고 있습니다. 이제 바로 흑자시기가 다가옵니다.

05
흑자시기

◎ 蘭鑄指南 (흑자)

체형이 난주답게 되고 머리에는 육류가 나오기 시작하기 때문에 머리의 모양도 제법 사각형 모양으로 잡혀갑니다. 먹이도 물벼룩이나 쉬림프에서 붉은 장구벌레로 바뀌어서 드디어 '흑자'라 불리는 가장 기대를 많이 하는 시기가 됩니다.

부화 후 3,000~4,000마리였던 것이 40~60마리 정도 남게 되고 드디어 색갈이 전의 중요한 선별이 시작됩니다. 몸도 굵어져서 처음에 (一)자 형태였던 등 모양도 둥그스름해지고 내리막도 생기기 시작합니다. 그리고 (돌출) (머리 높음) (통 뒤틀림) 등의 치어기 때 안 보이는 결점이 있는 개체가 보이게 됩니다. 이런 결점은 성장기에 잘 보이기 때문에 확실히 제거해야 합니다. 그러나 (머리 높음) (허리 높음) (통 뒤틀림) 등의 선별은 경험자도 쉽지 않습니다.

물고기가 자라는 대로 골라내도 결국은 결점 있는 고기는 남는데 초보자는 7월 말까지 남은 물고기는 완벽한 물고기라 할 정도로 엄선해야 합니다.

안타깝게도 8~9월이면 완벽 속에서 또 결점이 나오게 되는데 그 이유는 7월 후반의 느슨한 선별 때문이고 결국 가을에 불량 난주가 남는 원인이 됩니다. 반대로 이 시기에 엄격한 선별로 남긴 것 중 가을 품평회 참가는 어려울 수 있어도 종어로의 값어치는 충분합니다. 따라서 항상 선별은 엄격하고 확실하게 하는 것이 좋습니다.

◎ 함몰은 나올 수도 있습니다만 돌출은 들어가지 않습니다.

① 4월 23일 : **부화 51일**

수조 청소 및 환수를 하고 세면기에 담아 봤습니다. 어느덧 흑자입니다.

환수 후 급이를 하지 않아서 날씬해 보이지만 전반적인 체형은 무난합니다. 머리도 각이 보이기 시작하면서 네모가 되어 가고 있습니다. 분탄이 발달하면서 눈앞도 길어지고 있습니다. 작년보다 성장은 약간 늦은 것 같지만 의도한 대로 성장하고 있습니다. 이제 11마리 남았습니다. 옆모습과 키 꼬리도 살펴봤는데 전반적으로 양호합니다. 큰 기대 없이 열심히 키웠더니 정성을 아는지 고맙게 잘 자라줬습니다. 이제는 당세어로 달려갑니다.

② 5월 3일 : **부화 60일**

흑자가 된 이후 먹성이 좋아져서 무섭도록 먹습니다. 그것에 비례해서 환수도 자주 하게 됩니다. 힘들지만 땀 흘린 만큼 좋은 난주가 나온다는 믿음으로 충분한 급이와 열심히 환수합니다만 결과가 어떻게 나타날지는 전혀 예측하지 못하겠습니다.

◎ 난주의 색깔이는 수온과 관계가 있는 것 같습니다.

③ 5월 18일 : 색갈이(退色)

난주들이 모두 색갈이를 하는 중입니다. 이제 곧 당세어가 됩니다.

아마 이달 말이 면 흑자는 모두 색갈이를 끝낼 것 같습니다. 장마가 오기 전 색갈이를 끝내는 것이 좋은데 이런 진행이라면 무리 없을 것 같습니다.

1차 중에서 색갈이를 거의 끝낸 개체입니다. 색갈이 때문에 살이 빠져서 다소 야위어 보이지만 전체적인 균형도 무난하고 특히 머리의 기본 구성이 좋습니다. 육류가 특별하지는 않지만, 시간이 해결해 줄 것 같습니다. 미통의 굵기도 이 정도면 적당하고 무늬는 홍백일 것 같습니다. 꼬리 부분에서 약간 아쉬움을 주지만 전반적으로 무난합니다.

요즘 수온은 낮에는 25℃를 넘어갑니다. 그래서 먹성이 더 좋아진 것 같고 성장도 좋습니다.

◎ 蘭鑄指南 (退色 색갈이)

색갈이를 시작하면 이제부터는 난주입니다. 색갈이 중의 시기는 호독(虎禿 : 검정과 붉은색의 얼룩)이라 불리는데 컨디션에 따라서 아주 다른 물고기로 보일 정도로 변화가 많은 시기입니다. 난주에게는 (홍역)같은 시기라서 심한 결점 외에는 선별도 하지 않습니다. 급이도 약간 줄이고 색갈이가 끝나는 때를 기다리는 것이 좋습니다. 이 시기는 대부분 장구벌레를 주식으로 하는데, 수온이 높아지는 시기라서 먹이의 부패가 빨라서 짧은 시간 동안이라도 수질이 악화되기 쉽기 때문에 급이의 양을 소량으로 잘 조절 하는 것이 좋습니다.

환수는 4~5일 정도가 좋습니다. 이 무렵 정수가 심해져서 환수 때 신수를 많이 넣는 경우가 많습니다. 색갈이 시기에는 환수의 실패로 아가미병이 잘 옵니다. 따라서 환수에 신경 쓰는 것이 중요합니다.

◎ 아가미병의 조기발견은 아가미의 움직임으로 알 수 있습니다. **아가미가 둔하게 움직이면 다음 환수 때까지 0.5~0.7% 소금욕**을 시킵니다. 또는 적절한 약(그린 F) 등을 넣는 것도 도움이 됩니다. 아가미병은 조기발견 조기치료가 아주 중요합니다.

◎ 蘭鑄指南 (채색의 秘傳)

보통 부화 9주째에 색갈이가 시작되고 14주 정도에는 색과 무늬가 정해집니다. 난주의 채색을 보다 선명하고 깨끗하게 만들기 위해 여러 가지 방법을 시도한 결과 효과적인 방법을 찾았습니다.

첫째, 스피룰리나와 카로틴 성분의 중요성을 발견해서 채색용 색상사료가 만들어졌습니다.

둘째, 수조 관리변화입니다. 색갈이가 시작되는 부화 40일 즈음부터 환수 때 수조의 바닥 청소를 조금씩 바꿔서 큰 더러움만 제거하고 나머지 이끼는 남겨둬서 **바다 색을 검푸른 이끼 색으로 유지시키는** 것입니다.

셋째, 환수의 효과입니다. 이 시기는 햇빛이 강하고 수온이 쉽게 올라서 정수가 쉽게 진해집니다. 가능한 햇빛을 갈대발 등으로 가려서 가능한 좋은 정수를 오래 보존합니다. 이때 정수의 색은 하얀색의 접시 등으로 진하기를 판단해야 합니다. 이런 방식으로 색갈이가 완전히 끝나는 약 1개월 동안 환수로 환수하면서 계속 사육해 갑니다. 이윽고 물고기의 원하는 채색이 보이면 비로소 바닥의 이끼를 제거합니다.

위의 방법은 예부터 전해오는 **오지마系의 彩色秘傳**입니다.

④ 5월 22일 : **부화 80일**

이 시기의 즐거움이란 환수하면서 세면기에 담은 난주들을 감상하는 것입니다. 난주 즐거움은 번식자마다 여러 가지가 있겠지만, 시간이 갈수록 스스로 변해가는 개체들을 만나는 것이 흥미롭게 느껴집니다.

기르는 과정에서는 그다지 기대하지 않았던 치어들이었는데 성장한 후에 저마다 개성을 보여주는 난주들을 느긋하게 감상하니 나름대로 괜찮아 보입니다.

이번에 맘에 드는 개체가 나왔습니다. 너무 기대하면 안 되지만, 아주 좋은 느낌입니다. 머리의 묵직한 느낌과 굵은 미통, 그리고 꼬리까지 전반적인 균형이 맘에 듭니다.

06
당세어

① 6월 1일 : **부화 90일**

전체적으로 색갈이를 하고 있습니다. 이달 중순이면 확실히 자리 잡고 이달 말이면 고정이 될 것 같습니다. 큰 기대하지 않고 열심히 기르면서 즐기고 있습니다. 아직 판단을 내리기에는 조금 이르지만 올해도 제가 원하는 녀석은 못 만났지만, 내년을 위한 공부는 잘 하고 있습니다.

◎ 蘭鑄指南 (당세어 선별)

색갈이가 끝났습니다. 당세어들은 소직, 사라사 등의 무늬에 따라 특징을 갖게 됩니다. 색과 무늬가 고정되고 나서 2주 정도 지나면 색갈이 하느 동안 마른 체형도 살이 올라서 다시 통식해집니다. 채색도 날로 좋아져서 목표로 하는 난주의 모습으로 서서히 완성되어갑니다. 작색이 확실히 정해지면 물고기가 작을 때 놓친 등허리의 결점을 확인해야 합니다. 특히 (머리 높음) (등의 내리막) (돌출) (함몸)에 특히 주의해서 봅니다. 작을 때 보이지 않았던 결점들이 조금씩 더 잘 보이게 되는 시기입니다.

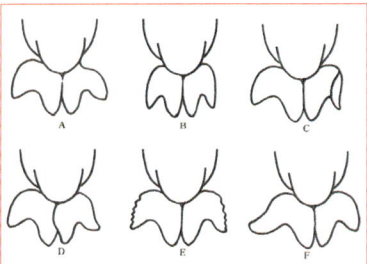

불량꼬리

A 양쪽 꼬리의 대칭이 안 맞고 기울어짐 / B 미견 발달이 약해 오므라들고 처지는 꼬리 / C 미처의 위 또는 아래로 접히는 꼬리 / D 미심이 겹친 꼬리 / E 미처에 주름이 진 꼬리 / F 양쪽 꼬리의 대칭이 안 맞고 좌우 중 한쪽 꼬리의 이상 성장

② 6월 26일 : 부화 115일

품평회에 나갈 수 있는 자격을 갖췄다고 생각됩니다. 욕심은 끝이 없지만, 품평회의 결격사유 부분이 일단은 보이지 않습니다.

머리의 육류는 토대를 잘 잡고 있어서 이대로 자라준다면 볼륨있는 육류로 완성할 것 같습니다. 몸도 적당히 살이 쪄있고 배의 모양도 좌우 대칭으로 바르게 만들어졌습니다. 특히 등에서 뻗은 굵은 미통은 아주 만족스럽습니다. 꼬리 역시 적당한 각도로 잘 벌어지고 헤엄칠 때 고리를 다루는 것도 좋아서 세면기에 올렸을 때의 감상이 아주 즐겁습니다.

전체적인 스타일은 부모의 장점을 많이 받은 것 같습니다. 아직 큰 매력은 부족하지만 남은 기간 동안 관리를 잘해서 크기를 더 키우고 개성을 살리면 훨씬 더 좋은 소질을 발휘할 것 같습니다.

◎ 蘭鑄指南 (당세어 만들기)

당세어 사육이 100일이 넘어가면서 색과 형태가 거의 정해지고 100~150일 경과한 8~9월이면 한 수조당 약 10마리 정도가 남게 됩니다. 지금까지의 사육 과정을 돌이켜 보면 난주는 단순히 '기른다'라기보다는 환수나 선별 급이 조절 같은 일련의 과정이 사람의 손으로 '만든다'라는 느낌이 더 강하게 느껴집니다. 이 시기가 되면 서서히 머리의 육류나 몸의 폭 그리고 꼬리의 형태 등 몸의 여러 가지에서 부모로부터 받은 유전적인 특징이 나타나기 시작합니다. 당세어 선별도 이제 거의 끝입니다.

부화 후 60일, 색갈이 120일, 색과 형태가 결정되어 150일이 되었습니다. 이로써 새란 크기의 당세어가 완성됐습니다.

이 말을 명심해야 합시다. 난주완성 150일

③ 7월 3일 : 부화 123일

부족하지만 품평회 후보입니다. 이 개체는 원래 품평회용은 아니었습니다. 우연히 점검하다가 가능성이 발견된 개체입니다. 그러나 지금 보면 꼬리 때문이었다는 것을 뒤늦게 알아버렸습니다. 잘 관찰하면 미심이 살짝 기울고 꼬리 끝이 살짝 우는 느낌이 있습니다. 어릴 때 간과한 것이 당세어가 된 지금 큰 아쉬움으로 나타납니다. 역시 강선별의 필요성을 느끼는 순간입니다. 간혹 시간이 흐르면 개선되는 경우가 있기 때문에 미련한 희망을 갖고 키워갑니다.

전반적으로 체형도 단단하게 좋습니다. 적승사라사로 무늬배치도 좋고 관상용으로는 무난합니다. 사육 도중 품평회용이 아닌 사육 방식으로 인해 다소 비만형이 됐습니다.

④ 7월 6일 : **추미**

아침, 저녁으로 서늘한 느낌이 있어서 때로는 수온도 이른 아침에는 21℃ 정도로 마치 가을 날씨 같습니다.

환수는 하우징 직수기 때문에 새 물은 수온이 좀 낮은 편입니다. 그렇기 때문에 반드시 수온이 낮은 오전에 환수를 합니다. 그 영향 때문인지 성어들도 오전에는 가끔 약간의 추미 행동을 하는 경우가 더러 있습니다. 하지만 오늘 당세어 두 마리가 추미 행동을 해서 확인했더니 벌써 추성을 달고 있습니다.

두 녀석 모두 수컷이고 종어의 특징이 좋습니다.

⑤ 7월 23일 : **부화 143일** (당세어 완성)

변화된 모습은 덜하지만 성숙한 느낌이 듭니다. 여러모로 품평회용으로 손색이 없다고 생각합니다.

앞으로 품평회까지는 두 달 반 정도입니다. 그 시간이면 어느 정도는 충분히 완성될 것이라 생각합니다. 현재 길이 10.5cm입니다. 품평회까지는 13cm 정도는 충분히 자랄 수 있을 것으로 생각합니다.

사진으로는 머리가 약간 짧게 나왔는데 눈앞이 길고 목 폭도 넓은 편입니다. 아가미에 붙는 육류도 적당하다고 생각합니다. 이 개체의 자랑이라면 전체적인 균형미와 더불어 미통과 꼬리를 들 수 있겠습니다. 굵은 미통이지만 꼬리를 아주 부드럽게 다룹니다. 머리는 대단한 육류발달은 아닐지 모르지만 이세어가 되면 확실한 볼륨을 가진 사자머리로 발전할 것이라 생각합니다.

⑥ 8월 14일 : **부화 164일** (세면기 훈련)

추구하는 난주에 근접해 가고 있습니다. 앞으로 품평회까지는 좀 더 단단해지는 시기이며 또한, 채색을 진하게 올리는 것도 중요한 과제입니다. 자라면서 꼬리의 움직임은 한층 좋아졌습니다. 넓은 수조에서의 충분한 운동이 주효했습니다.

이 시기부터 종종 세면기 타는 훈련을 시작합니다. 본격적인 훈련은 품평회 2주 전부터지만 조금씩 적응훈련을 해야 합니다. 그래야만 품평회 당일에도 세면기 안에서의 훌륭한 움직임을 보여주며 아름다움을 보여줄 수 있기 때문입니다.

◎ 세면기

품평회 때 난주를 올리는 용기입니다. FRP수지로 제작되어 튼튼하고 흰색으로 마감했기 때문에 어떤 종류의 금붕어라도 훨씬 아름답게 보이게 하고 단점도 잘 보이게 합니다. 현재 우리나라의 품평회에서 사용하는 크기는 지름 60cm, 깊이 20cm입니다.

난주가 세면기를 탔을 때 비로소 작품이 됩니다.

◎ 蘭鑄指南 (당세어 마무리)

지금부터는 형태가 만들어진 난주의 마무리에 들어갑니다. 8월 후반보다 한수의 비율을 **고수의 비율을 조금 넉넉하게** 합니다. 급이도 가능한 조금씩 자주 주는 방법으로 해서 계속 먹이를 찾아서 수조 안을 헤엄치면서 먹고 또 헤엄치기를 반복하게 하는 것이 필요합니다. 먹이는 적은 듯 주고 충분한 운동으로 약간 살집이 있는 체형으로 만들어갑니다.

환수는 적어도 4~5일에 한 번은 반드시 합니다. 하루 중 수온이 30℃까지도 올라가지만 8월 후반이면 낮보다 이같은 20℃ 가까이 내려가는 일교차를 보입니다. 또한, 이는 계절보다 햇빛이 강해서 청수의 농도도 금방 진해지기 쉽기 때문에 주의해야 합니다. 환수시기가 늦추면 마무리시기에 아가미병이 올 수 있다는 것을 항시도 잊으면 안 됩니다.

본격적인 사육은 충분한 운동과 과식을 금하고 적절한 청수가 포인트입니다.

⑦ 10월 3일 : 품평회 준비

품평회용으로 마무리에 한창입니다만 안타깝게도 아직도 비만 체형입니다. 아무래도 흑자시기에 관리가 원인인 것 같습니다. 계속 청수에서 급이를 억제하고 운동을 많이 시키면서 마무리를 하고 있습니다만, 쉽게 빠지지는 않습니다. 현재 몸길이는 약 12cm 정도 됩니다.

남은 기간 동안은 채색을 더 강하게 하기 위해서 여전히 장구벌레와 청수에서의 색상사료를 급이하고 있습니다. 약간 날씬하고 단단한 몸매로 만들어지면 좋겠습니다.

07
품평회

품평회의 주된 목적은 난주의 깊이를 배우고 발전시키는 것이 목적입니다. 봄부터 열심히 길렀던 난주를 공개하고 외국의 전문가에게 심사를 받는 일 년 중 가장 의미 있는 시간입니다. 일 년의 사육 목적이 이날 하루를 위한 것이라 해도 과언은 아닙니다. 난주의 성적으로 희비가 엇갈리기도 하지만 그 모든 것은 서로에게 분발과 격려가 되고 무엇보다 난주 발전의 원동력이 되고 있습니다. 난주를 즐기고 난주로 하여금 아름다운 인생이 만들어지고 있습니다.

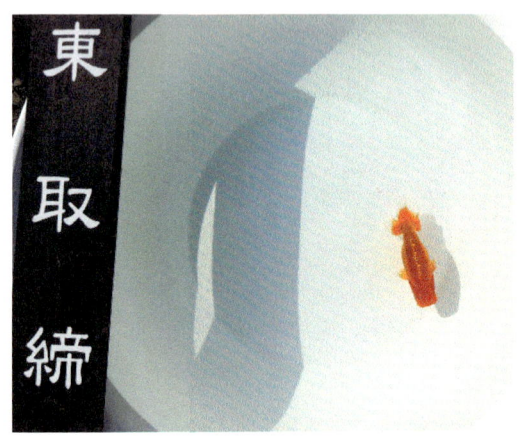

◎ 품평회 출전 준비

긴 시간의 이동과 스트레스를 받기 때문에 미리 대비할 필요가 있습니다.

일본의 경우 품평회 참가 후 죽는 난주도 적지 않아서 오히려 좋은 난주는 품평회에 안 나온다고 합니다.

반드시 적어도 하루 전부터 절식시켜야 하는 것은 아주 중요한 것입니다.

◎ 품평회 참가 후

바로 본 수조에 합사하면 다른 난주들까지도 병이 올 수 있습니다.

반드시 격리 수조에서 참가한 난주들을 약욕으로 치료해야 합니다.

소금 0.6%, 엘바쥬 100L당 4g을 처방합니다.

이 상태로 약 2~3일 금식, 이후 상태를 봐서 조금씩 급이 합니다.

◎ 품평회 평가 기준

난주 품평회는 엄격한 기준이 있습니다. 무조건 크고 화려하다고 좋은 것은 아닙니다. 격에 맞는 균형과 절제미 그리고 난주다운 느낌이 있어야 합니다. 품평회 기준을 잘 숙지하여 난주를 기르거나 선별할 때 감안하고 연구하면 품평회에서 좋은 결과를 얻을 수 있습니다.

① 심사방법

- 한 마리씩 개별로 심사하며 A, B, C, D 그룹으로 나뉘며 일단 그룹이 결정되면 해당 그룹의 수조에 넣어둔다.
- 전체적으로 레벨이 떨어지면 결점보다 장점 위주로 심사를 하게 된다.
- 크기가 너무 작으면(10cm 이하) 원칙은 심사에서 제외된다.
- 각 그룹별 수조에서 같이 헤엄치는 모습을 보며 그중에서 그룹별로 나뉜다.

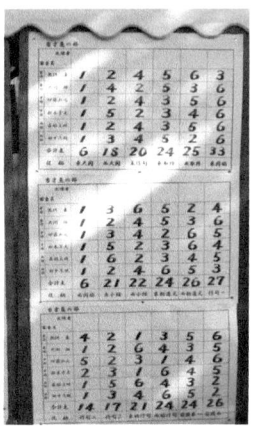

- 일본의 경우 심사위원들이 각각 1~5점짜리 카드를 손에 들고 있다가 심사 시 동시에 한 장을 선택해서 보여주며 심사위원들이 제시한 숫자의 **합계가 낮은 고기가 우등어**이며, 그 물고기의 점수가 된다.
- 심사위원은 6명으로 구성됩니다. 각자 1~6 숫자가 적힌 점수패를 들고 심사할 난주가 세면기에 올라오면 각자의 판단대로 각자의 생각으로 등급을 매깁니다. 좋을수록 수자가 낮습니다. 그러므로 6인의 합산 점수가 낮은 난주일수록 우등어가 되는 것입니다.

◎ 순위를 가리는 방법

예를 들어 A그룹이 10마리이면 1등에서 10등까지가 A그룹에서 모두 결정되며 B그룹 1등이 11등이 된다.

② 심사제외 대상

- 탈장, 피멍, 비늘 떨어짐, 지느러미 잘림 등은 관리 소홀로 품평회출전 자격미달이다.
- 손잡이 꼬리, 꽂힌 꼬리 등도 자격미달이다.

③ 헤엄

- 심사 당일 가장 중시되는 부분으로 심사 당일의 헤엄이 가장 중요
  (당일 컨디션이 무너지지 않게 하는 것이 가장 중요)
- 헤엄이 좋다는 것은 전체적인 밸런스가 좋다는 것이다.
- 심사 당일 헤엄을 잘 치지 않으면 아무리 훌륭하더라도 상위입상은 불가능하다.
- 헤엄을 좋게 하려면 출품 약 2주 전부터 세면기 적응 훈련을 하면 좋다.
- 수온을 좀 높게 해서 훈련을 시키면 더 움직임이 좋아진다.
- 헤엄칠 때 머리를 많이 흔드는 것은 아주 큰 감점요인이다.
- 머리를 땅으로 숙이고 헤엄치는 것도 큰 감점요인이다.

④ 밸런스

- 어느 한 부분의 아름다움 보다는 전체적인 밸런스와 유영을 중시한다.
- 헤엄이 좋다는 것은 전체적 밸런스가 좋다는 뜻
  (체형 꼬리 모두 좋아야 유영이 좋음)
- 인기 있는 머리의 혹이나 깔끔한 등선 등은 크게 고려되지 않는다.

⑤ 꼬리

- 부드러워야 한다. 헤엄칠 때 오므라지면 미견(尾肩)에 힘이 없어서 감점이고 꼬리 끝이 **아래로 향하는 경우**는 꼬리가 완전히 벌어져 있지 않아서 실격이다.
- 정지 상태에서는 활짝 펴지고(180℃) 헤엄칠 때는 부드럽게 구부러지면서 방향을 바꿀 때 배를 살짝 쳐주는 꼬리가 좋은 꼬리이다.
- 헤엄칠 때 부드럽게 구부러지지 않는 빳빳한 꼬리는 감점이다.
- 꼬리의 무늬가 빗살 치는 경우 감점이다.
- 미심이 너무 서 있는 경우는 헤엄이 부자연스러워 매우 큰 감점요인이다.

⑥ 크기

- 나이에 맞는 적정 크기이어야 한다.
- 당세어 : 12~14cm
- 2세어 : 크기제한 없음(대체로 15~20cm 정도였음-2007년 일본 전국대회 기준).
- 3세어 : 크기제한 없음(2세어와 큰 차이는 없으나 전반적으로 양감이 큼).

⑦ 색상과 무늬

- 화려한 색상이 최근 상위 입상을 하는 경우가 많다.(주로 홍백)
- 가슴지느러미 양쪽에 모두 색이 있어야 한다(한쪽만 있으면 팔이 하나 없는 것 같아서 감점).
- 양쪽 모두 색이 없으면 심사 제외 대상(당세어)이다.
- 그러나 백난주나 붉은색이 거의 없는 백승사라사의 경우는 다른 부분의 장점이 워낙 뛰어나면 인정해 준다.
- 등의 붉은색도 중간에 끊어지지 않고 **머리부터 꼬리까지 이어져야 한다.**
- 동일조건에서 백난주와 홍난주 또는 홍백난주가 있다면 백난주가 최하위다.

제1회 대한민국 난주 품평회

◎ 2007년 11월 24일 엑스포 공원 (대전)

당세어

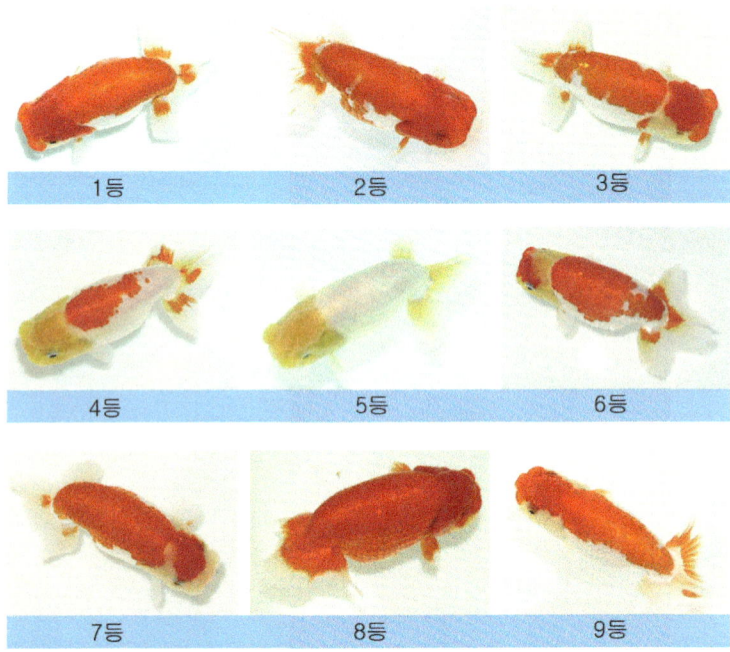

제2회 대한민국 난주품평회

◎ 2008년 11월 24일 숭실대학교 (서울)

당세어

1등　2등　3등

1등　2등　3등

이세어

1등　2등　3등

제3회 대한민국 난주품평회

ⓒ 2009년 12월 10일 세미원 (경기)

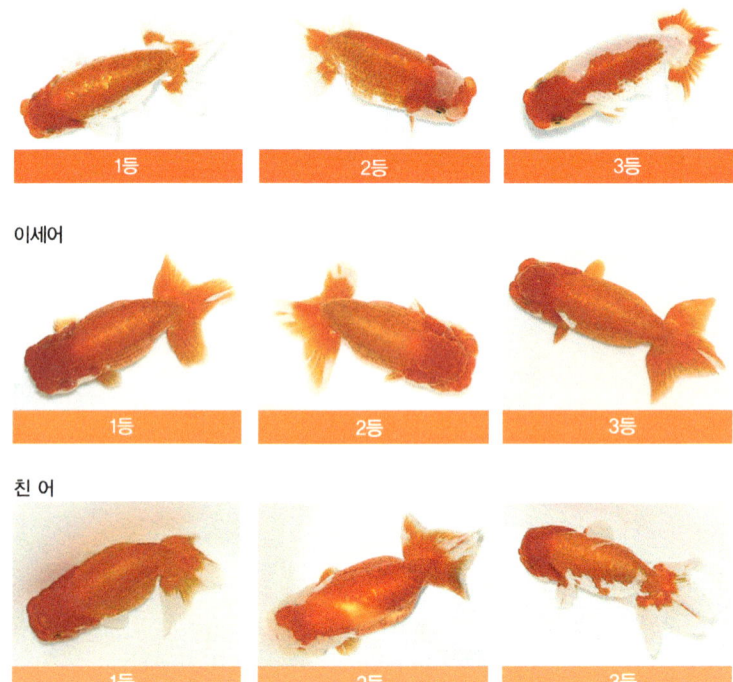

제4회 대한민국 난주품평회

ⓒ 2010년 10월 5일 양평문화체육공원 (경기)

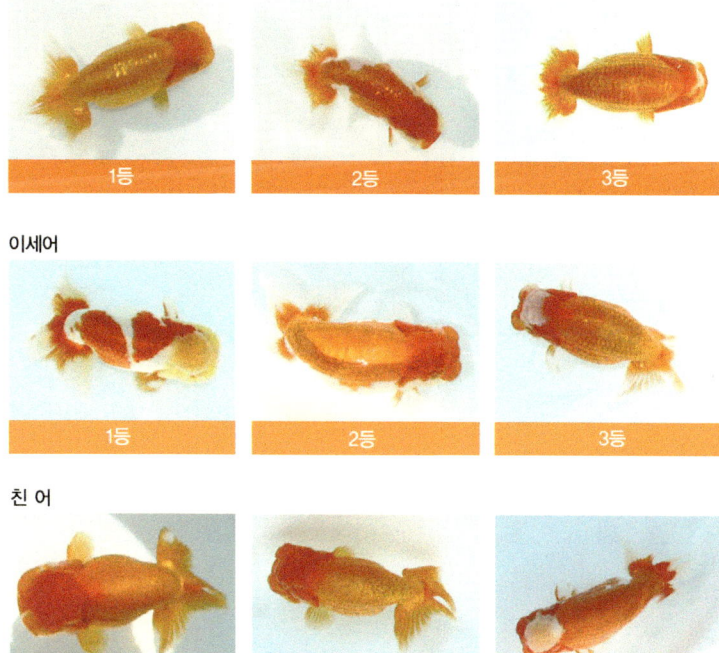

제5회 대한민국 난주품평회

ⓒ 2011년 10월 5일 대전 아쿠아 월드

당세어

1등

2등

3등

이세어

1등

2등

3등

친 어

1등

2등

3등

제6회 대한민국 난주 품평회

◎ 2012년 10월 22일 중앙호수공원 (서산)

당세어

이세어

친어

이 자료는 일본의 이토양어장(二東陽魚腸)
　　　　홈페이지를 참고로 하여 작성하였습니다.

PART 5
질병의 예방과 치료

01
질병의 원인

질병은 평소 사육법만으로도 충분히 예방할 수 있습니다.

질병의 원인의 대부분은 사육자의 애정 과잉과

혹은 게으름에서부터 온다고 생각합니다.

평소에 질병을 예방하는 사육 관리에 신경 써야 합니다.

◎ 질병 예방 지침서

▶ 먹이에 관하여
- 변질되고 오래된 먹이는 주지 않는다.
- 수온과 날씨를 생각해 준다.
- 급이 시간과 소화시간을 고려하고 준다.
- 비만을 방지한다.

▶ 물에 관하여
- 정기적으로 환수한다.
- 수온의 급변에 주의한다.
- 수질 악화에 주의한다.
- 가을에서 봄은 청수에서 사육한다.

▶ 사육 환경
- 믿을만한 구입처에서 구입한다.
- 물고기에게 자극을 주지 않는다.
- 수면 위의 통풍을 좋게 한다.
- 적절한 사육 밀도를 유지한다.
- 산소 부족에 주의한다.
- 과보호 사육을 하지 않는다.
- 최소 하루 3시간은 연못에 햇빛이 비춰지도록 한다.

① 질병의 발견 포인트

◎ 질병을 조기 발견하는 것이 중요

난주의 질병은 주로 감염성 질환과 내장 질환의 두 가지로 나눌 수 있습니다. 이런 병에 걸린 경우 반드시 체 표면이나 동작에 어떠한 이상이 나타나게 됩니다.

▶ 조기 발견 포인트

- 동작의 이상
- 식욕 이상
- 체색 이상
- 체표 이상
- 배설물의 이상

질병은 진행될수록 치료 가능성이 낮아지고 이윽고 식욕도 없어지고, 수조 바닥이나 수면에 정지 상태로 되는데 이런 경우 물고기가 죽을 가능성이 높아집니다. 만일 운 좋게 질병에서 회복해도 형태가 많이 무너지고 **몸의 성장이 늦어**지면서 관상 가치가 현저히 낮아지게 됩니다.

② 질병의 대처법

◎ 소금과 약물 병용이 기본

▶ 질병의 처리

- 격리한다.
- 단식한다.
- 충분한 산소 공급을 한다.
- 100% 새로운 물로 옮긴다.
- 일광욕을 한다.
- 활성탄을 제거한다.
- 0.5% 소금욕과 약욕을 시작한다.

병인 경우 기본적인 치료 방법으로는 격리와 단식, 산소 공급과 새로운 물을 사용한 약물 사용이 중요합니다.

격리로 다른 고기에게 전염을 최소한으로 하고 단식으로 소화 불량을 예방합니다. 산소 부족을 예방하기 위해 산소를 충분히 공급하고 병원균에 대해서는 약물을 사용합니다.

약물을 사용하는 경우, 소금(0.5%)과 약물(1종류)의 병용 요법이 기본입니다. 활성탄은 약 성분이 흡수되기 때문에 약물 목욕하는 동안 활성탄을 제거해야 합니다.

치료 중에는 물고기의 모습을 필요 이상으로 보지 않는 것도 중요합니다. 물고기의 부담을 경감시키기 위해서입니다.

③ 질병의 기본 대처법

◎ 소금과 약

시판되고 있는 약은 '치료 효과'와 '물고기의 부작용'을 고려해서 제조된 것이기 때문에 임의로 다른 약제를 병용시키면 특정 성분이 강해져서 부작용이 생길 수 있습니다. 그러므로 치료하는 경우는 삼투압을 위한 0.5% 소금욕과 약물(1종류) 병용이 안전하고 기본입니다

◎◎ 소금과 포르말린은 같이 사용하면 안 됩니다.

> ▶ 소금과 함께하는 약제의 기본
> - 설명서에 적힌 용법 용량을 지킨다.
> - 유효한 한 가지 약제를 사용한다.
> - 두 가지 이상 혼용은 부작용의 가능성이 있다.
> - 소금과 포르말린 병용은 불가하다.

④ 질병의 대처 방법

수온을 올리는 것은 여러 가지 면에서 고기에게는 부담을 줍니다. 추운 계절에 발생한 질병이라면 히터를 사용해야 되지만, 이 경우라도 20℃ 이하의 수온을 30℃ 이상으로 올리는 행위는 치명적인 행위가 되기 때문에, 상한선을 25℃ 정도에 두는 것이 중요합니다. 헤르페스의 치료의 경우 수온을 상승시켜야 하는데 이 경우 20℃ 이하의 저수온의 경우도 30℃ 이상으로 올려야 하기 때문에 각오가 필요합니다.

▶ 치료 시 히터를 사용한다는 것

- 수온을 올리는 것은 물고기에게 큰 부담을 줍니다.
- 20℃ 이하를 30℃ 이상으로 올리는 것은 치명적입니다.
- 수온상승은 치명적이지만 헤르페스의 경우에는 과감하게 시행합니다.

◎ 치료 시 수온을 올리는 것은 물고기에게 부담을 줍니다. 특별한 경우를 제외하고는 수온을 올리지 않는 것이 좋습니다.

02 소금

◎ 소금의 효과

주성분은 염화나트륨이다

시중에 천일염, 정제염(꽃소금), 암염 등 여러 종류가 있으며 각 각 성분에 약간의 차이는 있습니다. 그러나 주성분인 염화나트륨($NaCl$)에는 변화가 없기 때문에 어떤 소금을 사용하더라도 삼투압 변화의 원리는 같습니다.

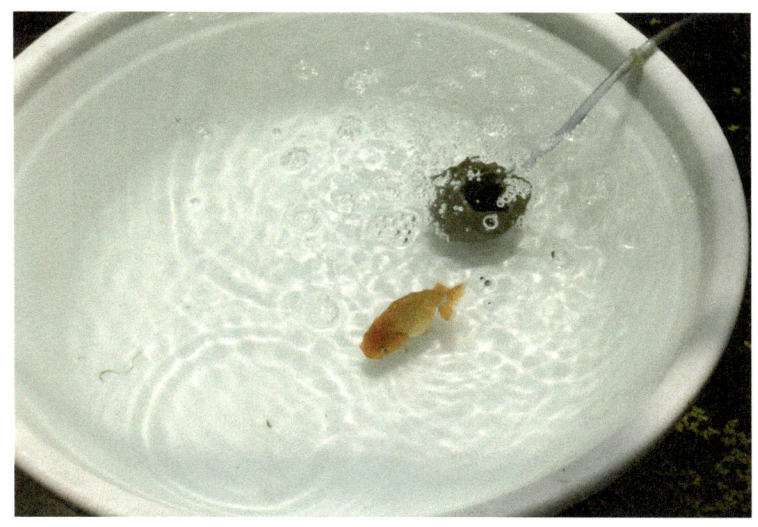

▶ **소금 성분과 물고기에 미치는 영향**

- 염화나트륨 → 살균과 삼투압 조절 작용
- 염화칼륨 → 살균과 다양한 생리 작용
- 염화마그네슘 → 효소의 보조 작용
- 황화마그네슘 → 효소의 보조 작용
- 염화칼슘 → 뼈 성장 강화 작용
- 황화칼슘 → 뼈 성장 강화 작용

◎ 삼투압은 액체의 농도

생물의 체액 농도를 결정하는 주요 물질은 염화나트륨(소금)입니다. 체액의 삼투압이 높다는 것은 체액의 염분 농도가 짙으면 죽을 수 있다는 것입니다.

일반적으로 수조의 물은 삼투압이 매우 낮은 물이기 때문에 물고기의 삼투압은 높아지기 때문에 체내로 물이 흡수되는 상태입니다. 하지만 물고기는 자신의 삼투압을 정상 범위로 조절하는 능력이 있기 때문에 삼투압이 낮은 물속에서도 살 수 있습니다.

① 질병과 삼투압

감염 부위로 체내에 물이 침입한다

물고기의 체표는 점액으로 덮여 있어서 체내로 물이 흡수되는 것을 막는 기능을 합니다. 그러나 감염으로 피부에 염증이 생기면 점액의 기능이 저하되고 그 부위로부터 체내로 물이 스며들면서 몸의 삼투압 조절이 급격히 저하됩니다. 이것을 막기 위해 아픈 물고기는 점액을 과잉분비하는 것입니다. 여러 가지 생체 기능조절로 등 삼투압 유지에 노력하지만, 이것으로 더 많은 에너지를 소모하게 되고 감염으로 체력이 약한 상태인데 삼투압 조절까지 하다 보니 체력은 더 빨리 약화됩니다. 결국, 이런 악순환이 지속되면서 쇠약해져 죽는 것입니다.

② 소금욕

0.5% 소금욕 물고기의 부담이 줄어든다

병에 걸린 난주는 점액분비의 실패로 체내에 물이 침투하게 되지만 주위의 물 농도가 체액과 같은 농도라면 물의 이동이 없어지게 되는 것입니다. 즉, 0.5%의 소금욕으로 인하여 삼투압 조절에 필요한 에너지가 불필요하게 되므로 체력은 질병 감염에만 쓰입니다. 또한, 0.5%의 소금욕은 난주의 신진대사를 활발하게 하는 효과도 있어, 성장 촉진 외상시의 상처 회복 등을 촉진시키는 역할을 합니다.

◎ 살균 효과

난주 및 병원균은 삼투압 조절에 한계가 있다

사육수의 삼투압을 급격하게 1.5~5% 정도까지 상승시키면 병원균은 세포 내의 수분을 잃고 시들어서 사멸하지만 난주는 견딥니다. 삼투압을 0.6~1.5% 정도까지 높여도 물고기는 체내의 삼투압을 일정하게 유지할 수 있지만, 병원균은 그런 능력이 없어서 물고기보다 먼저 죽는 것입니다. 이런 시간차를 사용하여 세균만을 사멸시키는 것이, 소금 치료의 근본적인 효과입니다. 그러나 장시간 소금욕은 물고기도 죽일 수 있기 때문에 고농도의 소금욕은 짧게 합니다. 하지만 바이러스는 세포질이 없기 때문에 소금의 살균 효과가 없습니다.

▶ 1.5~5% 소금물의 효과
- 급격히 삼투압을 줄 필요가 있을 때
- 병원균과 물고기의 삼투압에 견디는 차이를 이용한다.
- 순간 욕이나 단시간 약욕을 기본으로 한다.

▶ 0.6~1.5% 소금물의 효과
- 서서히 걸쳐 삼투압의 효과를 줄 필요가 있을 경우
- 병원균과 물고기의 조절 능력의 한계 차를 이용한다.
- 장시간 소금욕은 반복적으로 길게 한다.

① 0.8% 소금욕 법

아가미 질환 1일(24시간)로 치료의 결과가 있다

대부분 난주를 빨리 키우려는 과욕 때문에 병이 오는데 제일 빈번한 것이 아가미병입니다. 안타깝게도 병을 막을 수는 없기 때문에 최대한 짧은 시간 내에 치료하는 것이 최선이라고 생각합니다. 여러 가지 다양한 실험 결과 **0.8% 소금욕과 엘바쥬 4g/100L 혼합사용**이 가장 효과적이라는 결론을 내렸습니다.

0.5% 소금욕 또는 0.6% 소금욕은 치료에 1주일 정도의 기간이 필요하고 중간에 수질이 악화라도 되면 치료 중에 병은 더 악화됩니다. 그에 반해서 1% 이상의 소금욕은 난주에게 큰 부담을 주기 때문에 좋지 않습니다.

② 0.8% 소금욕의 주의점

자연의 섭리를 생각하자

흔히 아가미병을 컨트롤 하게 되면 과욕을 부려서 무리한 사육을 하게 됩니다. 이런 방법은 소위 폭탄을 맞을 가능성이 높습니다. 아가미병의 발생은 '자연의 섭리에 멀어진 사육'을 하는 것이라는 '경고'로 받아들이고 다시 겸손하게 자신의 사육법을 검토하는 것이 필요합니다.

③ 1.5~2% 소금욕

많은 소금은 물고기에게 해를 준다

병이 심각해서 빠른 대책이 필요한 경우 1.5~2% 소금욕을 할 수 있습니다. 이것은 소금이 가진 살균 효과를 아주 강하게 이용하는 방법으로 1.5~2%의 농도는 물고기에도 부담이 매우 커서 고농도의 소금으로 치료가 된다면 그것은 독약이라고 생각해도 될 정도입니다. 따라서 1.5~2% 소금욕 방법은 병이 중증으로 조기 대책이 필요한 경우를 제외하고는 자제하는 것이 좋습니다. 만약 1.5~2% 소금욕을 할 필요가 있다고 판단하는 경우 30분 정도의 단시간 소금욕이지만 물고기에 따라서 30분 이내에 죽어 버리는 경우도 많습니다. 1.5~2% 소금욕을 하는 동안 난주의 움직임에 주의하고 반응이 둔해지는 경우 즉시 중단하고 정상적인 물로 되돌려야 합니다.

④ 5% 소금욕

살균 효과를 최대한 이용하는 방법

5% 소금욕 법은 해수의 3%보다 짙은 농도이며, 소금의 살균 효과를 최대한 이용하는 것입니다. 1.5~2% 소금욕과는 비교할 수 없을 정도로 농도가 짙기 때문에 5% 소금욕은 하지 않는 것이 좋습니다. 만일 하게 되는 경우라도 90초로 치료 시간을 아주 짧게 제한해야 합니다.

5%의 소금물에 넣으면 물고기는 아주 빠른 수영을 먼저 보여주지만, 곧 움직임을 멈추고 체 표면에 기포가 나타나면서 90초 이상이 지날 무렵에는 죽어 버리게 됩니다.

▶ 소금에 …

- 0.5% : 난주에게 부담은 없지만 살균 효과는 없다.
- 0.6% : 난주에게 부담은 적지만 살균 효과는 약하다.
- 0.8% : 난주에게 부담은 약간 주지만 살균효과가 좋다.
- 1.0% : 난주에게 부담은 눈에 띄지만 살균 효과는 강하다.
- 1.5% : 난주에게 부담은 크지만 살균 효과는 강하다.
- 5.0% : 난주에게 부담은 최대지만 살균 효과는 최대이다.

03
약물의 성분과 사용법

◎ 원생동물 → 백점병, 백운병, 검정 반점병, 검정 서부, 쯔리가네무시병의 원인 생물

◎ 그람양성균 → 그람 양성균이 질병의 원인이 적다

◎ 그람음성균 → 컬럼나리스병, 천공병, 홍반병, 솔방울병의 원인균

◎ 곰팡이 → 물곰팡이병의 원인균

◎ 기생충 → 이카리무시병, 우오지라미병, 우연병의 원인 생물

◎ 바이러스 → 금붕어 포진의 원인 바이러스

유효성분	약물의 작용	효과 대상균
아쿠리노루	소독제	원생동물, 그람양성세균, 그람음성세균
옥시돌	소독제	원생동물, 그람양성세균, 그람음성세균, 곰팡이, 바이러스
포르말린	소독제	모든 생물
이산화염소	소독제	원생동물, 그람양성세균, 그람음성세균, 곰팡이 바이러스
말라 카이트 그린	색소제	원생동물, 그람양성세균, 그람음성세균, 곰팡이
메틸렌블루	색소제	원생동물, 그람양성세균, 그람음성세균, 곰팡이
토리쿠로루홍	살충제	갑각류와 우연장치 등 외부기생충
스루화메라진 Na	외상 치료	그람양성세균, 그람양성세균
스루화지메토키신 Na	외상 치료	그람양성세균, 그람양성세균
니트라후라존	니트로프랑계 항생제	그람양성세균, 그람음성세균
니후루스찌렌 산 Na	니트로프랑계 항생제	그람양성세균, 그람음성세균
염산 쿠로루헤키시진	아니딘 계 항생제	그람양성세균
옥소린산	퀴놀론계 항생제	그람음성세균

04
약 성분과 병원균의 그룹

약 성분으로 적용대상을 알 수 있고 치료법으로는 유효 성분을 확인하고 효과를 기대할 수 있으며, 병원균을 알 수 있습니다.

다음에 자주 사용되는 약물의 유효 성분과 그것이 어떤 병원균 그룹에 효과가 있는지 기재하였습니다.

① 약물 사용 – 1

설명서에 적힌 용법 용량이 기본

약 용법 용량을 설명서대로 하지 않으면 효과가 약하거나 부작용의 위험이 있습니다. 또한, 많은 약은 기본적인 성분을 포함하고 있어서 잘못된 혼합사용은 위험합니다. 따라서 약제를 사용하는 경우는 소금과 한 종류의 약물만의 혼합사용이 좋습니다.

② 약물 사용 - 2

약제의 사용 방법은 5가지가 있다

약물 사용법은 순간 욕, 단시간 약물 목욕, 장시간 약욕, 경구 투여, 직접 처치 등 크게 다섯 가지 방법이 있습니다. 이 다섯 가지 방법 중에서 단시간 욕과 장시간 약욕과 경구 투여는 약물의 용법 용량에 따른 사용법이지만, 순간 욕이나 직접처치는 응용방법이기 때문에 주의를 요합니다.

③ 순간 욕

몇 분 내에 약욕을 의미한다

순간 욕은 몇 초에서 몇 분간 약 목욕을 하는 방법으로, 5% 염욕 방법과 소독제를 사용하여 약욕법으로 사용됩니다. 약제 농도가 높아서 치료 가능성이 높지만 기술과 경험이 없는 경우는 하지 않는 것이 좋습니다.

④ 단시간 욕

몇 시간 이내 약욕을 의미한다

단시간 욕은 수십 분에서 몇 시간 약욕을 하는 방법으로, 2% 소금욕법과 엘바쥬 4시간 법, 소독제를 사용하는 약욕 법 등에 사용됩니다. 이 방법은 물고기에게 미치는 독성이 강함으로 복용량과 약욕 시간에 주의해야 합니다.

⑤ 장시간 욕/영구 욕

대부분 약의 기본적인 사용 방법

장시간 약욕 12시간 이상 약물 목욕을 하는 방법으로, 대부분 약의 기본적인 용법과 용량이 있습니다. 또한, 주의 깊게 장시간 약물 목욕을 반복하는 영구 약욕이라고도 하지만 일반적으로 같은 의미로 사용됩니다.

⑥ 경구 투여

혈중 농도를 상승시킬 목적으로 시행

경구 투여는 약물을 먹이와 함께 주는 방법으로 먹이에 반죽하거나 흡수시킵니다. 경구 투여는 고농도의 약물을 소화관으로 투여해서 약물의 혈중 농도를 높여서 체내에서 치료합니다. 또한, 경구 투여와 약욕하는 약제와 약욕용 약제를 다른 종류로 하여 치료 효과를 높일 수도 있습니다.

⑦ 직접 처치

국소 병변에 매우 유효

약을 어체에 직접 바르는 방법입니다. 직접 도포에서 가장 효과적인 것은, 메틸렌 블루 등의 염색액을 병변 부에 단단히 칠하는 방법으로 국소적으로 큰 효과를 얻을 수 있습니다. 또한, 외상 부에 소독액을 직접 바르는 경우가 있지만 물속에 있는 박테리아로 인해서 효과는 적습니다. 아가미의 경우는 직접 바르면 절대 안 됩니다.

05
아가미병 정복

다양한 자료와 정보로 이토양어장의
최신 아가미 질환에 대한 설명입니다.

① 원인

플렉시박터·컬럼나리스(Flexibacter columnaris)라는 그람 염색에서는 음성에 속하는 세균 감염이 원인입니다. 이 세균은 1922년에 미국에서 발견되어 1953년에 물고기 근육에 침입하는 것으로 증명되었습니다. 일본에서는 1966년에 수조에서 사육하는 미꾸라지에서 확인되었습니다. 이 세균은 외부 기생 세균이지만 **사육 연못과 수조 내에 상주하는 균**임을 잊지 마십시오. 즉, 어느 사육 연못이라도 이 세균은 소량이지만 반드시 존재합니다.

② 특징

이 균은 외부 기생 세균이지만, 상처 없는 아가미에는 들어가지 않기 때문에 감염되지 않습니다. 그러나 일단 아가미에 상처가 생기면 균은 바로 상처 부위를 통하여 어체로 침투하여 컬럼나리스병(아가미 부패 질환 등)이 발생하게 됩니다. 이 세균은 여러 형태로 성장하는데 조건은 각각의 형태로 조금씩 차이가 있지만, 대체로 수온 5~35℃ 이내에서 생육이 가능합니다. 급격한 번식을 보이는 경우 수온 27~28℃, pH가 7.5입니다. 바닷물에서의 성장 조건은 0.5%에서 잘 활성화 되고 2%를 초과하면 거의 발육하지 않습니다. 담수의 경우, 우물물 등 물의 경도가 높을수록 세균의 생존 기간이 긴 것이 증명되고 있습니다. 수온 변화에 감염 실험 보고서는 수온 상승(+2℃)에서 감염률 29.9%, 수온 하강(-2℃)에서 감염률 6.2%라는 데이터도 분석되어 있습니다.

③ 잘 발생하는 시기

물고기를 기르는 모든 시기에 언제나 발생할 수 있는 시기입니다.

세균의 특징을 고려하면, 수온 15~35℃의 환경에서 발생할 수 있으며 수온 27~28℃에서 폭발적인 번식이 됩니다.

④ 감염

이 균은 상주 균이며, 건강한 물고기는 아가미 질병에 걸리지 않습니다. 그러나 균이 상처 물고기를 찾아내고 그 물고기에 감염이 됐을 경우에는 물고기의 영양을 사용하여 분열을 반복 빠르게 수를 늘려갑니다. 그리고 세균의 농도가 일정 치에 도달하면 건강한 물고기에게도 감염 증상이 발생합니다. 한 연못에서 아가미병이 발생했을 경우, 아무리 주의

해도 반드시 사육장 모든 물고기에게 전염됩니다. 이것을 추측해 보면 공기를 통한 감염도 가능하다고 생각됩니다.

물고기를 새로 들이면 상호 간의 서로 간의 균이 섞이면서 이때 면역력이 없는 물고기는 균에 감염됩니다. **예방법은 격리 외에는 없습니다.**

⑤ 증상

증상은 어류와 세균의 형태에 따라서 다소 차이는 있지만, 공통적인 증상은 다음과 같은 증상이 있습니다. 약해 보이는 물고기에 감염을 일으키기 때문에 세심한 사육이 필요합니다.

	외부 모습	운동성	기타
초기	아가미 일부가 탈색되거나 작은 황백색의 부착물을 볼 수 있다.	용존 산소가 많은 근처에 모여 힘없이 유영한다. 식욕과 활동성의 저하.	점액 과다 분비 **(수면에 거품)**
중기	아가미가 차단 또는 열려 있는 상태로 유지. 아가미 조직은 회백색으로 붕괴한다.	식욕과 활동성의 저하. 무리에서 떨어진다.	
말기	체색은 어두워진다. 육류는 작아지고 살이 빠진다.	호흡 횟수가 감소 무리에서 떨어져 완전히 정지한 것 같이 보임	질병은 전신에 퍼진다. 호흡 곤란과 쇠약 등으로 죽는다.

▶ 아가미 손상 원인

- 수질의 악화(균의 증가 원인으로 가장 많다).
- 뜰채로 물고기를 잡는다.
- 수온의 급격한 변화.
- 수질의 급격한 변화.
- 연못에 사람 그림자로 물고기를 놀라게 한다.

⑥ 대책

물속의 세균 수는 수질의 영향 등 외적인 요인 등으로 끊임없이 변화하고 있습니다. 균의 증가는 건강한 물고기에게 감염을 줄 수 있기 때문에, **균을 억제하는 사육법이 중요합니다.**

1 오래된 먹이나 산화한 먹이는 주지 않는다(수질 악화의 원인).

2 증가한 균의 양을 줄이는 목적으로 평소 빨리 환수한다.

3 수질 악화를 방지하는 사육을 한다.

4 상태가 나빠 보이는 물고기는 빨리 격리 치료를 한다(같은 **연못 물고기는 필요 관찰 또는 예방적 약물 목욕**).

5 물고기가 죽은 수조는 햇빛에 말린다.

6 햇빛에 말리는 것이 어려우면 ISO원액을 살포한 후 하룻밤을 방치한 후 마르면 물로 씻어 버리면 된다.

◎ **생먹이** 사용은 감염 확률이 높아진다.
◎ 먹고 남긴 먹이나 **환수의 지연**은 균의 증가를 부추긴다.
◎ 외부의 물고기를 **합사**할 경우에는 질병에 대비해야 한다(약물과 수조 준비).

⑦ 치료

질병의 치료에 대한 기본적인 생각으로 병든 물고기만을 고치는 것이 아니라 같은 **연못에 있던 물고기와 연못 전체를 치료하는 것**입니다. 이미 상당량의 균이 퍼져서 번식하고 있기 때문입니다. 무조건 같은 연못에 있던 물고기는 충분히 모습을 관찰하고 경우에 따라서는 예방적인 약욕을 시킵니다.

물고기가 죽은 수조의 경우 살균 목적으로 연못을 햇빛에 말립니다.

▶ 본 양어장에서의 치료 방침

- 아가미병은 다음의 방법으로 1~2일 치료할 수 있습니다. (봄~가을 아가미병에 매우 효과가 좋습니다).

1 100% 새로운 물을 넣어 배를 준비(시멘트 연못 치료는 절대 불가)

2 배와 네 모서리에 에어레이션을 한다(아가미병은 산소 결핍을 준다).

3 0.8% 소금욕과 엘바쥬 4g/100L

4 물고기를 약욕시킨다(가능한 적은 마릿수가 좋다).

5 10시~16시 연못의 80%를 블라인드로 덮는다.

6 하루 지나서 아가미의 움직임이 정상적인 경우 치료 완료(정상이 아닌 경우는 하루 더 계속)

7 원래 연못 물 환수를 할 뿐 특별한 소독은 필요 없다.

◎ 아가미를 청소하는 느낌으로 하는 것이 가능하다.

◎ 1일(24시간)의 치료만으로 걱정되면 최장 2일까지 계속 가능하다.

◎ 소금이나 엘바주는 처음에 한 번 투여로 충분하기 때문에 추가로 투여할 필요는 없다.

◎ 수온을 히터로 올릴 필요는 없다.

◎ 0.6% 염욕 경우 치료 기간이 일주일 정도 걸려서 수조의 물이 더러워지면 오히려 아가미가 열리고 악화된다.

◎ 1% 소금욕은 물고기에 부담이 크고 효과도 적다.

◎ 치료가 덜 된 것 같으면 다음 방법으로 3~5일간 약욕을 반복한다.

1 100% 새로운 물을 넣어 배를 준비(시멘트 못 치료는 절대 불가)한다.

2 배와 네 모서리(최소한 두 곳)에 에어레이션을 실시한다.

3 추운 계절이라면 25℃ 정도의 수온(1일 최대 상승폭은 2~3℃)

4 0.5% 소금욕과 그린 F골드 과립을 투여한다.

5 물고기를 약욕시킨다(가능한 적은 마릿수가 좋다).

6 10시~16시 수조의 80%를 차광시킨다.

7 원래 연못은 ISO원액으로 소독을 실시하는 것이 좋다.

◎ 활동성이 보이기 시작, 약간의 장구벌레를 주는 것이 치료 성적이 좋아지는 경우가 많다.

◎ 치료 수조의 물에 나쁜 같은 냄새가 나면 환수를 또 하는 것이 좋다.

◎ 진행이 매우 빠르기 때문에 조기 발견·조기 치료는 완치의 절대 조건이다.

⑧ 백신

▶ 백신은 감염된 시체나 조각을 수조나 먹이에 투여함으로써 그 균에 대한 면역력을 단련시키는 방법입니다.

이렇게 하면 감염률도 낮아지고 감염되도 증상이 가볍고 사망률도 감소됩니다. 또한, 컬럼나리스 질병의 백신으로 컬럼나리스 질환으로 사망한 물고기를 배합 사료에 섞어 투여한 경우 사망률은 8%, 혼합하지 않은 경우 사망률은 48%라고 '기타 사토 연구소가 발표했습니다. 그러나 **컬럼나리스 세균에는 몇 가지 유형이 있으므로 한 종류의 백신 투여만으로는 하나의 균 유형에만 예방이 가능합니다.** 아가미병을 완전히 막는 모든 균에 대응하는 백신이 필요하지만, 현재는 개발되지 않았습니다.

⑨ 당부의 말

이 세균은 몇 가지 다양한 종류로 형태가 **최소한 9종류** 정도 있습니다. 물고기가 컬럼나리스병으로부터 완쾌되었다고 해도 이 세균에 대한 감염위험이 완전히 없어진 것은 아닙니다. 아직 감염되지 않은 또 다른 형태의 세균에 물고기가 노출될 경우 또 다른 컬럼나리스 세균 질환이 시작되었다는 것을 반드시 기억하기 바랍니다.

06
금붕어의 병 증상과 처방법

부위	증상	추정되는 병	처방
입	주변이 짓무른다. 주변의 색이 하얗게 된다.	입썩음병	그린F골드, 엘바쥬
항문	항문주위의 충혈, 항문이 열린다.	운동성 에로모나스	파라잔D, 엘바쥬
아가미	담황색의 점액물이 부착한다.	세균충성 아가미병	그린F골드, 파라잔D, 엘바쥬
	썩은 것처럼 거무스름해진다. 희미한 핑크색	기생충성 아가미병	리핏슈
	봄, 가을 금붕어의 아가미 색이 희미한 핑크색을 띤다.	금붕어 포진바이러스병	수온 25℃ 이상 또는 15℃ 이하로 조절
	직경 0.5mm 정도의 작은 흰색점이 여기저기 나타난다.	백점병	뉴그린F, 아크텐, 그린F골드 리퀴드

체 표 or 지 느 러 미	쌀알크기의 흰 것이 부착해 주변의 피부가 충혈된다.	에피스티리스증	뉴그린F, 아쿠텐, 그린F골드 리퀴드
	비늘 1~2매 정도가 충혈된다. 몸 전체에 내출혈이 생긴다.	운동성 에로소모나스	파란잔D, 그린F골드
	비늘 1~2매 정도가 백탁해 져서 그 주변이 충혈된다.	구멍 뚫림병(초기)	뉴그린F, 아쿠텐, 그린F골드 리퀴드
	체표에 구멍이 뚫려 근육이 노출된다.	구멍 뚫림병(중증)	뉴그린F, 아쿠텐, 그린F골드 리퀴드
	비늘이 거꾸로 서서 솔방울같이 된다.	솔방울병	소금욕, 파란잔D, 엘바쥬
	곰팡이 같은 것이 부착	물곰팡이병	뉴그린F, 아쿠텐, 그린F골드 리퀴드
	체표의 점막이 희게 보인다.	다크치로기르스증(흡충)	리빗슈
	체표에 1cm 이하의 가늘고 긴 벌레가 꽂혀있다.	닻벌레	리빗슈
	체표에 3~5mm 정도의 원반형태의 벌레가 붙어있다.	물이	리빗슈
	지느러미 끝이 백탁된다.	꼬리썩음병(초기)	파라잔D, 엘바쥬, 아쿠텐, 그린F골드
	지느러미 전체가 썩는다.	꼬리썩음병(중증)	파라잔D, 엘바쥬, 아쿠텐, 그린F골드
	지느러미 전체가 붉게 충혈된다.	운동성 에로서모나스증	파라잔D, 엘바쥬
	물고기가 뒤집어진다.	전복병	수온 25℃ 상승

PART 6

난주 브리더 6인의
사육 노하우 [Q&A]

"10년이면 강산이 변한다"

라는 말은 역시 옛말은 틀린 말이 아닌 것 같습니다.

처음 난주를 시작 할 때 우리나라에서 난주를 보는 것은 거의 불가능했습니다. 중국과 관계가 어려웠던 시절에는 부산의 경우 개인적으로 들여온 일본 난주를 간혹 볼 수 있었지만 본인이 처음 난주를 시작했을 때는 전설(傳說)이 되어 있었습니다.

다행히 중국과의 관계가 개선되어 중국에서 금붕어 수입 활발해진 덕분에 중국산 난주라도 만족해야 했지만 그것도 좋은 개체를 구하기는 쉽지 않았던 시절이었습니다. 그동안 여러 동호회 회원님들의 노력으로 이제는 훌륭한 한국산 난주가 널리 퍼져있고 구하기도 예전에 비해서 쉬워졌다는 것만으로도 그동안의 노력이 헛되지는 않았다는 생각에 보람을 느낍니다.

지금의 결과는 묵묵히 난주에 대한 열정적이고 고집스러운 마니아들의 노력 덕분입니다. 초기에는 정보가 없어서 한두 권의 오래된 책에 의지했고 그 뒤에 인터넷의 정보 덕분으로 눈을 뜨게 되었지만 내용을 알 수 없어서 그림만 보고 대충 흉내 내는 것에 불과했습니다.

좋은 인연이 닿아서 일본의 유명 난주 브리더와의 직접적인 교류로 말미암아 변화의 계기가 시작되었고 이후 일본 품평회 참관한 후 우리나라의 난주 사육방법은 급격한 변화를 맞게 되었고 지금까지 발전하는 데 큰 계기가 되었습니다.

그 시절 우리의 공통점은 책과 인터넷에서 볼 수 있는 멋진 난주를 내 수조에서 보고 싶다는 '순수한 열정'이었습니다. 다행히 해마다 난주 연구에 동참하는 분들이 늘어나고 있으며 서로 끊임없이 선의의 경쟁을 하면서 멋진 '꿈의 난주'를 만들고 싶다는 마음으로 끊임없이 노력하고 있습니다.

난주라는 금붕어가 일반적인 관상어와는 다른 독특한 사육방식이 있기 때문에 현재 각 브리더마다 환경과 취향에 따라 기르는 방식에 조금씩 차이가 있습니다. 본인이 예전에 디스커스를 초창기에 사육하던 시절 올바른 사육법이 없을 당시 미국의 젝 와틀리와 홍콩의 로윙 얏이 주축이 된 디스커스 프로 브리더들의 대담을 읽고 많은 도움이 되었던 기억을 되살려 그것과 비슷한 방식을 생각해 봤습니다.

이미 난주를 기르거나 또는 시작하고자 하는 분들은 난주 사육에 많은 경험이 있는 분들의 방법을 간접적이나마 참고하여 자신의 사육법에 적용시키면 보다 수월하고 성공적인 난주 사육이 될 수 있을 것이라 생각합니다.

이 책에서 사육 전반을 어느 정도 이해할 수 있겠지만 기타 세세한 궁금증을 다 충족시키기에는 많이 부족할 것 같습니다. 그래서 비교적 난주 사육 경험이 많은 여러분들의 각기 서로 다른 노하우를 세세하게 풀어놓으면 여러모로 도움이 될 것 같아 이런 내용을 첨부했습니다.

어렵게 부탁을 드렸지만 바쁘신 중에서도 난주 사육 발전을 위해서 감사하게도 모든 분들이 흔쾌히 응해주셨습니다.

내용은 난주를 사육할 때 처음에 혹은 어느 정도 경험이 있어도 서로 조금씩 궁금해하는 부분들입니다. 기본적인 내용은 거의 비슷하지만 개인적인 환경과 취향에 따라 약간의 방법의 차이가 있습니다. 자신과 서로 다른 점과 공통점을 살펴보고 자신의 사육법과 비교하면서 각자 본인의 상황에 맞게 난주 사육에 응용한다면 실질적인 도움이 될 것이라 생각합니다.

생업활동과 난주 사육에 바쁘신 중에도 시간을 내서 일일이 번거로운 설문에 도움 주신 대한민국난주협회회원 여러분들과 난주 친구 여러분들께 깊은 감사의 인사를 드립니다.

◎ 참여해 주신 분

한일수 님 : 충남 대전 / **오상민 님** : 경기 양평 / **이동하 님** : 전북 전주
윤지상 님 : 충남 서산 / **김도윤 님** : 경기 가평 / **전경섭 님** : 충남 대전

1 난주 사육 기간은 얼마나 됐고 어떤 계기로 시작했는가?

한

어려서부터 금붕어를 좋아했고, 구하기 힘든 난주에 대한 막연한 동경 같은 것이 있던 차에 90년대 말부터 인터넷을 접하고 동호회 카페를 통해 동호인들을 알게 된 것이 지금까지 열심히 즐겁게 난주를 키우게 된 것 같습니다. 혼자였다면 중간에 포기했을지도 모른다는 생각이 듭니다. 사육기간은 대략 13년 정도입니다.

오

우연히 90년도 초에 우연히 금붕어가 생기면서 물 생활에 빠져들게 됐습니다. 방법을 몰라서 책을 구해서 공부하면서 난주를 알게 됐습니다.

90년도 초반에 중국 난주 3마리를 구해서 잠시 키웠었습니다. 그 뒤 2000년 가을에 청계에 나갔다가 우연히 난주를 발견해서 다시 키우게 되었습니다. 때마침 인터넷 금붕어동호회에서 여러 정보와 동호인들을 만나서 여러 가지 정보를 배우면서 빠져들게 되었습니다.

본격적인 사육기간은 대략 10년 정도입니다.

이

어릴 때부터 물고기를 좋아했습니다. 그 당시에는 화금, 코메트, 오란다 정도의 금붕어 정도를 익산 시내에서 보았었고, 지금의 유금 난주 등은 직접 보기가 힘들었습니다. 그나마 있는 종류를 구해 산란도 시키고 기본적인 관리를 해보았습니다.

차광호 씨가 편저한 '금붕어'라는 책이 유일한 그 당시의 관련 서적이었던 것 같습니다. 난주를 기준으로 써놓은 책으로 그 기준으로 관리를 했었고 아마도 난주를 구했다면 그때부터 난주를 시작했을 것입니다. 시골에 살다 보니 청계천은 생각도 할 수 없었습니다. 지금과 같이 인터넷도 없었기에 어디에서 구할 수 있는지 알 수도 없었습니다. 그렇게 중고등학교까지는 일반 금붕어 정도를 사육했었습니다.

2007년도부터든가 인터넷을 통해 난주를 알게 되었습니다. 이종흔님을 통해 한일수님을 알게 되었고, 바로 분양을 받아 기르게 되었습니다. 다음 해부터 산란도 시키고 품평회에 참가도 했습니다.

윤

어릴 적 책에서 봤던 난주에 대한 막연한 동경심으로 한번 키워보고 싶은 마음은 있었으나 실제로 난주를 처음 본 것이 대학 1학년 때인 1989년입니다.

대전에서 학교에 다니던 중 대전역 근처의 수족관에서 처음 등지느러미가 없는 난주를 봤는데 지금 생각해보면 탈락 개체인 것 같은데 그 당시 가격이 한 마리에 3천 원이었고 그 수족관에도 2마리밖에 없었습니다.

처음 난주를 사육하게 된 동기는 2003년 한일수님께 난주 당세어 6마리를 분양받으면서부터입니다. 직접 번식시키신 귀한 녀석들을 처음 보는 저한테 주셔서 기르게 되었고 그로 인해서 지금까지 난주를 계속 기르게 되었습니다. 사육기간은 만 8년입니다.

김

초등학교 5학년 때부터 오란다, 유금, 동금 등을 사육하다가 금붕어의 매력에 빠지게 되었습니다. 그때 이후 지금까지 난주를 키우고 있습니다.

전

난주와 함께해온 시간은 3년이나 되었습니다. 난주를 처음 접하게 된 동기는 중국 유학 중에 수업시간 이후에 언어 연습을 위해서 늘 시장을 다니다가 애완동물 시장에서 지느러미가 없는 금붕어가 있다는 것에 신기해서 기숙사 부엌에 있는 작은 물통으로 금붕어를 키우게 된 것이 지금까지 난주와 함께 해오고 있습니다.

2 난주 사육 장소와 수조 크기와 개수는 ?

한

전용 사육하우스

시멘트 못 : 1800×1800×400 **14면**

프라배 : 1100×900 **12개** 있습니다.

산란철에 따라서 수조 수는 조절됩니다.

오

전용 하우스에서 사육합니다.

번식기에는 수조를 많이 사용하지만 번식기가 지나면 줄입니다.

시멘트 못 : 1,500×1,600×400 **3면** / 2000×1,000×400 **5면**

PVC 수조 : 1,500×1,500×300 4개 / 1,100×800×250 2개

프라배 : 1,100×900 9개 / 1,000×800 2개

이*

난주를 기르기 위해선 넉넉한 공간이 필요하다는 것을 느꼈기 때문에 기르기 시작하면서 얼마 안 되어 바로 시멘트 못을 만들었습니다. 집의 남동쪽에 위치하고 있습니다.

시멘트 못 : 1,200×1,800 6면 / 2,400×1,800 4면

프라배가 한 개 있으며 주로 실내에서 산란용으로 사용합니다.

김*

1,500 수조 : 6개, 1,200 수조 : 10개, 일본 프라배 : 10개

윤*

아파트 베란다 및 회사에서 키웁니다.

프라배 : 1100×700×220 5개

PVC 수조 : 200×1200×250 1개 / 1200×800×250 3개

　　　　　 / 900×600×250 1개

전*

현재 사용하는 수조는 붉은색 타원형(다라이) 물통을 5개 사용하고 있습니다. 베란다에서 선반을 이용하여 2층으로 수조를 운용하고 있습니다.

3 어떤 계통의 난주를 기르고 사육 마릿수는?

한

현재 키우는 난주의 수는 대략 20마리 정도입니다. **일본 계통**입니다.

오

모두 **일본 계통**의 난주만 기릅니다. 양어장으로는 코우사카, 종가 3세, 미토, 몬덴 계통을 수입해서 번식했습니다. 브리더(breeder)로는 일본 최고의 실력자 야먀타 씨, 호노환으로 유명한 호노(시마다), 희락회의 우치다 씨, 그리고 교토계 계통이 있습니다. 이것들을 섞은 국내 혼혈 계통 등을 기릅니다. 전반적으로 순혈과 혼혈 등으로 되어 있는데 약 30마리 가량 되는 것 같습니다.

이

시간상으로 관리에 문제가 있다 보니 오래된 난주는 없습니다. 현재 2세어로 30마리 정도가 있습니다. 계통은 정확히 모릅니다. 다만 한일수 님의 **일본 계통**으로만 알고 있습니다.

김

모두 **일본 계통**입니다. 마릿수는 잘 모르지만 200~300마리 정도로 될 것 같습니다. 초기에는 종가, 코우사카, 미토, 호노, 야마다, 우치다 등 많은 계통이 있었으나 여러 계통의 교배로 인해 현재는 순혈로는 야마다계 난주 10마리 정도 있습니다.

윤

일본 계통입니다. 약 20마리(일본 종가, 미토, 야마다 씨, 호노 씨 등 여러 혈통 Mix)

전

지금은 11마리를 사육 중이며 **일본 혈통**의 난주로서 국내에서 경험이 많으신 분들이 직접 번식하여 육성하신 난주입니다.

4 난주에서 제일 중요하게 생각하는 부분은 무엇인가?

한

전체적인 **밸런스와 유영**이라고 생각됩니다. 아무리 좋은 꼬리와 체형, 색을 하고 있어도 유영이 좋지 못하면 건강하지 못하다고 생각되고 실제도 그렇습니다.

오

헤엄과 꼬리를 중요시합니다. 헤엄은 물고기의 움직임을 볼 수 있으며 전체의 균형이 잘 맞아야 아름다운 헤엄이 나온다고 생각합니다. 난주의 조건을 충족했다면 아름답고 자연스럽게 난주다운 헤엄이 나온다고 생각하며 꼬리는 난주의 헤엄을 마무리 짓게 하는 포인트라고 생각합니다.

이

기본적인 요건 중 **체형**을 중시합니다. 체형이 잘 나오기 위해선 잘 먹여야 한다고 생각되며, 자연스럽게 그 요건을 충족시키기 위해선 도태가 필요합니다. 처음, 이때는 어릴 적이기 때문에 체형

을 판단하기는 불가능하다고 생각되며 역시 꼬리를 기준으로 도태시키는 것이 가장 현실적으로 맞습니다. 어느 정도 크면서 구체적으로 꼬리를 봐가며 도태시킵니다. 다시 말하면 체형과 꼬리는 동시에 가는 것이라 생각됩니다.

색은 그다지 중요시하지 않습니다. 이왕이면 다홍치마이지만, 위 두 요건만 충족되면 스스로 만족할 수 있다고 봅니다.

물고기가 병 등의 스트레스가 있을 때 붉은색이 빠져나가는 경향이 있기에 스트레스를 줄이도록 합니다.

김

난주의 여러 아름다운 요소와 매력적인 부분이 있겠지만, 기본적으로 물고기이기 때문에 가장 중요한 부분은 **헤엄**이고, 헤엄칠 때 가장 돋보이는 부분은 아무래도 꼬리의 움직임이기 때문에 난주를 보고 수준을 논할 때의 첫 번째 조건이라 생각합니다.

윤

기본은 꼬리와 전체적인 **밸런스(머리는 옵션)**입니다. 그 이유는 몸의 밸런스가 좋지 않으면 헤엄이 좋지 못하고 역시 꼬리가 좋지 못해도 좋은 헤

엄을 기대하기 어렵기 때문입니다.

품평회용이 아니면 우락부락한 육혹을 가진 녀석들이 더 눈에 들어오기는 합니다만 난주는 사육 목적에 따라서 구분이 되어야 한다고 생각합니다.

품평회용은 전체적인 밸런스와 헤엄에 중점을 둬야 하고 종어용은 결점이 있어도 장점이 두드러진 개체라면 충분히 매력이 있다고 생각합니다.

전

난주에서 가장 중요하다고 생각되는 부분은 체형이라고 생각되며 그중에서도 위에서 관찰했을 때 배와 미통이라고 생각합니다.

난주에서 가장 먼저 눈에 들어오는 부분이 머리와 꼬리지만 정작 꼬리의 유연함과 운동성은 올바른 체형과 균형에서 나온다고 생각합니다.

체형에 문제가 있다고 여기면 그것에 대한 보완을 위해서 난주가 유형을 올바르게 하지 않아서 일단 정상적으로 보이는 개체라도 시간이 지날수록 망가진다고 생각합니다.

5 난주 사육에 있어 제일 중요한 요소는?

한

항상 **기본기에 충실**해야 한다는 것입니다. 가끔 이를 잊고 자만심에 후회하곤 합니다. 직업으로 사육을 하지 않는 이상 난주의 형태를 살펴보면 각자 브리더(breeder)들의 생활 패턴과 밀접한 관계가 있습니다.

오

난주를 잘 만드는 **선배 사육자들의 방법을 최대한 가깝게 따라가면서** 어느 정도 결과물과 개념이 잡힌 후 자기 것을 추구하는 것이 중요하다고 생각합니다.

현재 우리나라의 많은 사육자들은 주체적인 요소가 강해서 제대로 된 명품이 안 나온다고 생각합니다. 난주에게 좋은 먹이 필요한 수조의 크기 환수 주기 등 난주를 사육하는 데 필요한 정보는 아주 쉽게 찾을 수 있습니다. 본인이 약간의 수고만 한다면 정보는 충분합니다. 그러나 실천하지 않으면 소용없습니다. 습득한 많은 정보를 실천하고 이해해서 완전히 자기 것으로 만드는 방법을 연구하는 것이 좋은 난주를 만들고 사육하는 데 있어서 제일 중요한 요소라 생각합니다.

개인적으로 난주를 위에서 보는 이유를 깨닫는데 2년 정도 걸렸고 환수와 먹이 주는 요령은 아직도 공부 중입니다.

이

먼저 기르는 **사육자의 마음** 자세입니다. 늘 난주를 가까이하며 좋은 난주를 생각해야 합니다. 난주를 대충 생각하면 대충의 난주가 나오기 마런입니다. 늘 가까이하며 난주에게 최적의 상태를 만들어줘야 합니다. 좀 힘들고 귀찮은 경우가 있어도 참고 집중하며 최대한 움직이는 것이 좋은 난주를 얻는 길입니다.

일본과의 차이는 여기에서부터 시작된다고 생각됩니다. 적절한 사육환경을 만들어주도록 합니다. 좋은 물을 준비하고, 적당한 넓이와 깊이의 사육공간, 적절한 햇빛과 충분한 산소가 공급되도록 합니다. 기본 요소가 준비되지 않으면 또한, 결코 좋은 난주를 만날 수 없을 것입니다.

*좋은 먹이를 준비합니다. 상상외로 난주를 비롯한 물고기는 많은 먹이를 먹습니다. 특히 생먹이는 넉넉히 준비해 상시 주도록 합니다. 요즘은 직접 잡아주기가 쉽지 않기에 전문적으로 판매하는 곳으로부터 넉넉히 구입해 주도록 합니다. 요즘 같은 상황에서 먹이에 대한 어느 정도의 투자 없인 좋은 난주를 만나기 힘듭니다.

*스스로 자기에게 맞는 방법을 모색하도록 합니다. 언제나 모방만을 통해 난주를 사육한다면 발전이 느릴 것입니다. 자기의 환경에 맞도록, 또는 스스로 방법에 대한 응용이 필요할 것입니다. 예로 여과기를 사용 시 여과재 보강이 필요하다면 여러 가지 재료들을 스스로 찾아보고, 고가의 사료만을 추구하지 않고 스스로 단백질 등의 기본 배합을 제외한 비타민과 발색제 또는 칼슘 등의 영양제를 추가시키는 등, 기르다 보면 응용하고 보충할 점을 스스로 개선토록 노력해야 합니다. 특히 요즘은 인터넷이 발달하여 많은 자료를 얻을 수 있기에 이를 잘 활용하도록 합니다.

김

난주는 **선별의 미학**입니다. 생명을 미적 기준만으로 판단한다는 것이 냉정해 보이는 행위지만 생물을 기르는 취미에는 어디서나 있는 필요악입니다. 이것으로 말미암아 난주를 비롯한 여러 가지 금붕어가 출연하게 되었고 앞으로도 그렇게 될 것입니다.

난주에서 제일 중요한 것은 꼬리라 생각합니다. 물론 성장함에 따라 여러 부분의 문제가 나타나고 그래서 계속 선별해 나가야 하는 힘든 과정이 있습니다. 그중에서도 난주는 꼬리가 차지하는 비중이 높기 때문에 가능한 어릴 때 좋은 꼬리의 가능성을 보이는 개체를 선별해 내는 것이 가장 중요하다고 생각합니다.

윤

첫 번째는 난주에 대한 **애정과 깊은 관심**입니다. 신기하게도 난주는 관심과 애정이 없으면 병에 걸리고 죽기까지 합니다. 난주의 사육 자체가 관심을 기울이지 않으면 잘되기 힘든 환경인 것도 그 이유 중 하나라고 생각합니다. 두 번째는 물 관리입니다. 관심의 연장선으로 여과기 없이 환수로만 사육을 하기 때문에 환수하는 타이밍을 잘 예측하고 적절한 양을 환수하는 것이 중요합니다. 귀찮아서 하루 이틀 미루다가 한 번에 환수하면 반드시 병이 오게 됩니다. 이런 상황은 아무리 오래 난주를 키웠다 해도 초보자라 할 수 있겠습니다. 마지막 세 번째는 좋은 먹이입니다. 좋은 환경에서 잘 먹어야 잘 자라는 것은 당연합니다. 단지 어떤 먹이냐에 달려 있습니다. 원하는 난주를 만들기 위해서는 사료가격이 다소 부담되더라도 필요하면 먹여야 하는 것입니다. 편하고 여유가 없다는 이유만으로 적당한 배합사료만을 먹이면서 명품 난주를 바란다는 것은 감나무 밑에서 입 벌리는 격입니다.

전

가장 핵심은 자신이 **원하는 아름다움**이 내포되어 있어야 한다고 생각합니다. 자신의 즐거움을 위해서 기르는 생물입니다. 누가 뭐라고 하던 자신이 예쁘면 되는 것이라 생각합니다. 그러기 위해서는 어느 부분이라도 소홀함이 없이 확실한 관리가 따라야 할 것이라 생각합니다.

6 좋은 꼬리를 만드는 방법은?

한

치어 시기에 여유 있는 **사육공간**에서 좋은 먹이를 충분히 먹이고 스트레스받지 않게 하고, 선별 시 뜰채 등에 꼬리가 망가지는 경우가 많은 것 같아서 조심합니다.

오

날 때부터 이미 정해진 부분이기 때문에 만든다는 것은 교만이라고 생각합니다. 단지 엄선된 부모에서 나온 좋은 소질을 가진 개체의 가능성을 최대한 발휘할 수 있게 관리하는 것이 포인트라 생각합니다.

첫째, 첫째, 엄격한 **선별**입니다. 아쉬운 마음과 혹시나 하는 기대감으로 더 키워보지만 결국은 확실히 망가진 난주를 얻게 될 뿐입니다. 문제는 과밀로 인하여 가능성을 가진 개체에까지 좋지 않은 영향을 끼칠 수 있게 된다는 것입니다.

초보사육자들의 실수가 바로 이것인데 과감하게 도태시키면 좋은 꼬리를 만날 확률이 올라갑니다.

둘째, 넓은 수조 **공간**에서 부드러운 수류와 이 속에서의 느긋한 헤엄이 중요하다고 생각합니다. 색갈이 이후 꼬리가 망가지는 경우가 종종 나타나는데 그 원인의 대부분은 수조의 넓이에서 나온다고 생각합니다. 좁은 수조에서 한쪽 방향으로의 반복되는 헤엄은 반드시 꼬리를 망가뜨리게 됩니다. 반대로 널찍한 수조는 먹이를 찾아서 너무 많은 헤엄을 치게 돼서 꼬리가 오므라들 수도 있습니다. 적당한 마릿수와 공간이 좋은 꼬리를 만드는 기본이자 방법이라 생각합니다.

이

위에 이어(체형을 중시하면서도) 꼬리에 신경을 쓰지 않을 수 없습니다. 어떻게 보면 꼬리의 형태 또한 체형과 관련성이 있기 때문입니다. 좋은 꼬리를 위해선 역시 **어미**의 중요성이 기본이라 생각됩니다. 가능한 한 네 꼬리로 구김이 없고 잘 펴진 어미를 고르려 합니다. 미명의 크기를 얘기하는데 이 또한 여기의 일부에 해당한다고 봅니다. 꽂힌 꼬리는 붕어로의 퇴화를 의미하는데 가능한 한 적게 나오기 위해선 붕어꼬리로부터 가장 멀리 있는 네 꼬리를 사용하는 것이 산란 시의 최선이라 생각되며, 추천되는 부화적온(20℃)을 맞추려 합니다. 부화 시의 온도와 꽂힌 꼬리의 관련성은 밝혀진 것이 없어 보이나, 가장 정상적인 발생을 위해선 적온 유지는 필수라 생각합니다. 부화 후에는 역시 수심 조절이 필요할 것 같습니다. 가능한 한 수심을 낮게 주어 물의 저항을 줄이는 것이 필요하다고 생각합니다. 하지만 수심과 관리가 상반관계가 있기에 적절한 조절은 필요하다고 생각됩니다. 수류억제 또한 필요하다고 생각합니다. 이상 모두 책이나 일본 사이트에 나와 있는 내용입니다. 먹이는 아직 행해 보지는 못했으나, 뼈대를 만들기 위해 칼슘을 충분히 공급하는 것도 미묘한 효과가 있지 않을까 싶습니다.

김

첫째는 **선별**입니다. 아무리 좋은 부모에게서 태어났어도 선별 시 골라내지 못하면 의미가 없어집니다. 또한, 장래를 예측하는 선별안도 필요하기 때문에 결국 경험이 중요합니다. 두 번째는 기본기를 갖고 태어난 개체를 적절한 공간에서 사육하면서 충분히 운동을 시키는 것입니다.

윤

강선별을 통한 장래성 있는 **치어의 선택**이 기본입니다.

또한, 넓은 공간이 중요합니다. 여유 있는 사육 밀도에서 성장한 치어들은 성장도 좋아지고 꼬리의 발달에도 좋은 영향을 끼칩니다. 일련의 기본 환경과 더불어 경험 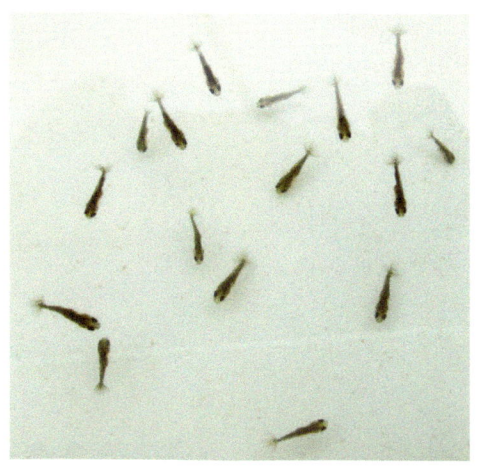 많은 실력자들의 선별 방법이나 사육방법을 참고 해서 나름대로의 사육법을 연구하여 터득하면서 하나씩 개선 발전해 가는 것이 필요합니다.

전

번식을 하면서 가장 크게 느낀 점은 **공간** 활용으로써 적당한 마릿수 대비 알맞은 공간이 필요하다고 여겨집니다.

난주가 불안해하지 않는 안정적인 환경을 꼽을 수 있습니다. 치어가 자라면서 환경이 안정적이지 못하여 망가지는 개체가 나타나고 또한 충분한 유영 공간을 확보하지 못하여 수조 바닥이나 옆면에 지느러미나 꼬리를 스치며 다니는 모습도 볼 수 있는데 이런 요인들이 꼬리 성장에 좋지 않은 영향을 끼친다고 생각합니다.

7 육류를 잘 만드는 방법은?

한

원하는 형태의 **종어**를 선택하는 것이 가장 중요하다고 생각됩니다. 그리고는 선별 시 원하는 형태를 남기고 나머지는 과감히 도태시키고 있습니다. 다음은 초기 사육에서 충분하고 좋은 생먹이를 공급하고 있습니다.

물갈이를 통해 식욕을 증진시켜 먹이를 많이 먹게 하면 육혹은 잘 자라는 것 같습니다. 형태가 어렵고 과제이지요. 너무 과해도 안 되고 부족해도 안 되고…. 어렵습니다.

오

선천적인 요인이 중요하다고 생각하기 때문에 부모인 **종어**가 중요하다고 생각합니다. 후천적인 요인으로는 치어 시기에 따른 적절한 먹이 공급도 중요한 것 같습니다. 특히 브라인쉬림프, 물벼룩 그리고 장구벌레 등은 육류를 만드는 데 많은 영향을 끼친다고 생각하고 나아가 골격 발달에 있어서도 배합사료보다 중요하다고 생각합니다.

환경으로는 적절한 넓이의 수조와 청수도 중요한데 이때 청수의 농도를 잘못 조절하면 필요 없는 육류가 많이 붙게 되니까 주의해야 합니다.

이

2011년도의 경우를 보면 몸의 크기에 비해 육혹이 덜 나왔던 것 같습니다. 일단은 **어미의 형질**과 관련이 있다고는 생각합니다. (하지만 초기에 생먹이로만 급이했기에 관련성이 없다고는 못할 것 같습니다. 즉, 사료와 생먹이를 적절하게 공급했으면 어떨까 하는 생각입니다.) 일본 사이트를 보면 바닥과 벽의 청태를 먹이며 자극을 준다고 하는데, 아직은 난주 사육기간이 적다 보니 직접 확인은 힘듭니다. 기본 조건은 역시 육혹이 잘 나온 어미사용과 영양이 충분히 골고루 섞인 먹이 공급이라고 생각됩니다.

김

아직까지 정확히 잘 모르겠습니다. 개인적으로 난주 사육에 있어 머리의 육류는 그렇게 중요한 부분이라 생각지 않습니다.

번식의 결과 대부분의 **좋은 계통**의 난주는 어느 정도 기본기를 갖추고 있어서 특별한 것은 모르지만, 기본 이상은 발현되는 것 같습니다.

윤

좋은 **종어의 선택**이 중요한 것 같습니다. 그리고 청자 시기부터 장구벌레를 주식으로 색갈이 때까지 집중적으로 사육하는 것입니다.

전

우선 유전적 요소가 있겠습니다. 그다음은 사육자의 사육방식에 따른 차이를 들 수 있겠습니다. 육류를 구성하는 지방층을 부풀리기 위해서 치어에서 성장함에 따라 그에 알맞은 단백질 함량이 높은 먹이를 수시로 급이하고 운동성을 증가시키지만 하나의 종어에서 나온 개체라 할지라도 유전적 특징이 얼마나 내포되어 있고, 사육자가 운용하는 사육 패턴에 얼마나 빠르게 적응하는가의 차이로 보여 집니다(경험을 예로 들자면 수족관 육혹이 하나도 없는 금붕어를 1년 동안 사육해온 결과 머리의 혹이 풍성하게 성장하였습니다).

8 몸의 크기를 키우는 방법은?

한

여유 있는 공간에서 환수와 적당한 마릿수로 **먹이 경쟁**을 시켜 많이 먹게 합니다. 제일 중요한 것은 공간인 것 같습니다.

오

넓은 공간과 충분한 급이, 환수 그리고 **병에 걸리지 않는** 관리.

이

충분한 **먹이** 공급입니다. 특히 치어 초기에는 생먹이를 끊임없이 주도록 합니다. 이는 자연과 같은 환경을 의미입니다. 초기를 지나서도 언제나 먹이는 가까이 있는 것이 좋다고 생각합니다. 이때 생먹이 공급에는 한계가 있으면 사료를 적절히 사용해도 좋습니다. 주의 할 점은 하루 중 상대적으로 수온이 낮을 때는 생먹이로, 높아졌을 때는 사료를 주는 것을 권합니다. 이렇게 최대한 끊임없이 잘 먹이려는 것입니다. 그리고 적절한 시기의 환수를 통해 수질로 인한 컨디션 저하가 없게 해줘야 합니다.

김

지금까지 경험한 바로는 **충분한 급이**와 **충분한 환수**가 큰 고기를 만드는 첫 번째 조건이라고 생각합니다.

윤

잦은 환수와 지속적인 먹이 공급 특히 **인공사료**가 성장에는 효과적입니다.

전

과감한 선별로 **사육밀도**를 낮추고 각 기관 발달에 알맞은 적정한 먹이 공급이 중요하다고 생각합니다. 특히 치어기의 활발한 운동은 체력을 길러주고 골격과 적당한 근육 형성에 도움을 준다고 생각합니다. 크게 자라려면 근본이 잘 형성되어야 하고 어령에 맞는 적정한 먹이와 운동이라고 생각합니다.

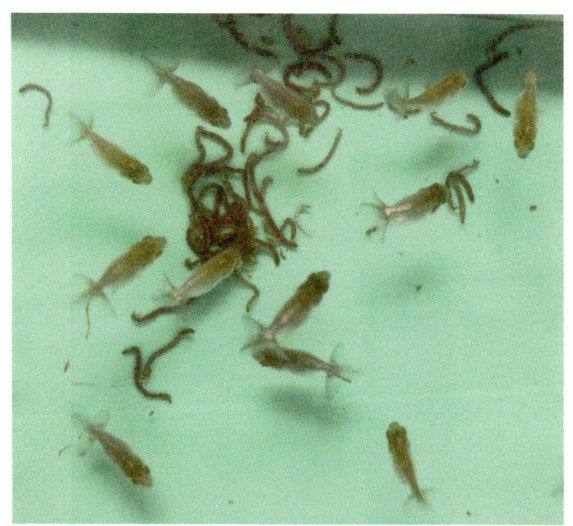

9 먹이의 종류 및 급이 횟수와 양?

한

- 계란노른자 → 슈림프 → 냉동 장구벌레 → 인공사료

치어 시기에는 **가능한 한 환수를 자주 해서 많이 먹게** 합니다.

치어 시기에 한배를 3,000~5,000수라고 가정했을 때 **1달 동안 슈림프 1캔** 정도를 주는 것 같습니다.

생활 패턴 상 오전에 시간이 많이 나므로 오전 중에 3~4회 정도 먹을 수 있을 만큼 먹입니다. 그리고는 오후 시간에 2~3회 부탁을 하고 밤에는 경우에 따라 1번 정도 더 주기도 합니다. 계절에 따라 다르지만, 여름철과 청자나 흑자 시기에는 경우에 따라 **매일 부분 환수를 하고, 전체 물갈이는 1주일에 1회** 정도 합니다.

오

가능한 여러 번 자주 급이합니다. 침자에서 청자까지는 사료 양을 조절하면서 급이하지만 그 이후는 충분히 먹입니다.

- 치어 시기 : 계란노른자 2일 브라인쉬림프 15~30일 약 4시간 간격 (24시간)
- 청자 시기 : 브라인쉬림프와 **냉동장구벌레 99% 사료 1%** (3시간 간격 : 약 6회)
- 흑자 시기 : **냉동장구벌레 95% 사료 5%** (3시간 간격 : 약 6회)
- 당세어 시기 : **냉동장구벌레 80% (60%) 사료 20% (40%)** (3시간 간격 : 약 6회)

이

부화 초기에는 최대한 생먹이(물벼룩)을 잡아주고 있습니다. 혹은 여의치 않으면 냉동된 생먹이를 쓰고 있습니다. 하지만 그 양은 많지 않으며 사료를 먹기 시작하면 적절히 섞어주고 있습니다.

제 경우 난주 전용사료는 주지 못하고 있습니다. 비단잉어를 같이 기르다 보니 단백질 함량을 보고 비슷하게 맞춰주고 있습니다. 중요한 것은 **단백질 함량, 회분 또는 칼슘**이 잘 포함되어 있어야 한다고 생각됩니다. 횟수와 양은 제한이 없고 시간적 여유만 있다면 상시공급하고 싶습니다. 물고기도 자기가 먹을 만큼 알아서 먹는 경향이 있기에 더욱 그렇습니다. 단, 충분히 먹고 난 후 남은 먹이는 바로 치워주는 것이 기본이라 생각됩니다. 문제가 생기는 것은 많이 먹어서라기보다 남은 먹이를, 부패되기 시작한 먹이를 먹을 때라 생각됩니다.

김

여건상 약간 많은 양으로 배합사료 2회, 냉동장구 2회로 하고 있습니다.

윤

- 부화 후 1개월 : 정도는 **쉬림프** 급이(부화해서 바로 또는 냉동시킨 것)
- 1개월 ~ 색갈이 : 냉동장구 벌레를 주식으로 인공사료 급이
- 색갈이 이후 : 인공사료를 주식으로 급이하고 냉동장구 벌레는 간식 개념으로 급이합니다.
- 성어 : 인공 배합사료(보통 육성용)

전

- 냉동 장구벌레(큐브기준)

  1회에 : 2세어 성어, 마리당 2개 / 당세어, 마리당 2개

- 사료(아이스크림 스푼)

  당세어 : 두 마리당 1회 하루 2회

하루 평균 2회를 급이 기준으로 하나 때에 따라서는 3회 주 1회 정도는 기존 급이 50% 정도 급이 하거나 때로는 **급이를 중지**하는 날도 있습니다.

10 수질 관리의 특별한 방법이 있는가?

한

수질관리는 거의 환수에 의존하고, 환수는 수조의 상태에 따라 달리합니다. 자주 관찰하여 **난주들의 상태**를 체크하는 것이 가장 좋은 방법 같습니다.

오

계절에 따라 다르지만, 수온이 높을수록 **환수**를 자주 합니다. 환수 시에 새 물에 대한 자극으로 병이 올 수 있기 때문에 **할수에 특별히 주의**합니다.

이

기본은 환수라 생각합니다. 배설물 등을 수시로 제거하는 것이 기본입니다.

햇빛은 발색에도 좋을 뿐 아니라 광합성 여과세균의 증식에도 좋기 때문에 수온상승에 영향을 미치지 않는 한 최대한 쬐도록 합니다. 산소도 최대한 공급되게 함으로써 호기성 여과세균이 활성화되도록 합니다. 제 경우 자주 환수의 기준 중에 하나는 물속의 미세 부유물의 상태를 보는 것입니다. 보통 사료를 줄 때 많아지는데, 이때는 특히 많은 양의 환수를 해줍니다.

김

현재는 3~4일에 한 번 80% 정도 환수를 하고 있으며 특별한 수질관리는 하지 않습니다.

윤

성어는 주 1~2회 정도 하고 있으며, 치어는 주 2~4회 정도 환수를 하고 있습니다.

전

작은 스펀지 여과기로 여과 박테리아 및 안정적인 물 유지에 보조로 사용합니다.

성장기에는 이틀에 1회 70% 환수를 실시하고, 주 1회 100% 환수를 하며 여과기 청소는 수시로 하되 기존 사육수로 세척을 원칙으로 합니다. 평소 물 관리에서 사육수의 악취를 많이 신경 쓰며 **맑은 물이라 할지라고 일단 악취가 나면 여과기 청소나 환수**를 합니다.

11 여과에 관한 생각 및 현재 사용하는 여과법

한

공간과 시간만 여유 있다면 넓게 여과기 없이 키우고 싶지만 사정상 수조 하나에 스펀지 여과기 하나 에어돌 하나 이렇게 넣어두고 있습니다. 하지만 **근본적으론 환수**입니다.

오

여과는 편하지만 **난주 만들기에서 여과는 의미가 없다**고 생각합니다. 완성된 난주를 관상의 목적으로 기르는 경우에는 성능 좋은 여과기가 필요할 수도 있겠지만 난주를 만들어 가는 입장에서의 여과는 현실이 여의치 못할 경우에만 잠시 의지하는 정도로만 생각합니다.

난주를 만드는 과정에는 초기 치어 사육시기에는 마릿수도 많고 관리할 시간과 공간이 부족하고 안정된 수질 관리를 위해서 어쩔 수 없이 여과기를 사용합니다. 스펀지여과기를 보조로 사용하는데 치어들에게 **최소한의 물리적 영향**을 주기 때문입니다. 첫 선별 후부터는 마릿수가 줄어서 충분히 관리가 가능하기 때문에 환수로만 관리합니다.

이

일반적으로 어항에서 금붕어를 사육하는 경우 여과기 사용 시에는 특히 충분한 여과면적이 중요하고 특히 **몸을 키우기 위해 많은 사료가 공급될 경우**는 더욱 그렇습니다. 또한, 여과기를 사용하건 사용하지 안하건 제일 중요한 것은 **큰 배설물 제거**입니다. 여과면적이 충분하지 못할 경우 제일 중요합니다.

김

좋은 난주를 만들기 위해서는 1~2일마다 환수를 해야 하는데, 굳이 여과는 필요치 않다고 생각합니다. 현재는 게을러짐으로 인해 하루 이틀 환수주기를 늘리기 위해 스펀지 여과기를 사용하지만 좋은 사육방법은 아니라고 생각합니다.

윤

사육 목적에 따라서 여과시설을 한 수조에서 키워도 좋은 점이 있을 것 같습니다만 아직까지는 사용하지 않습니다.

전

현재는 여과법이 없다고 봐도 좋을 것 같습니다. 겨울철 동면 기간을 제외한 시기에는 환수를 중심으로 사육되기 때문입니다.

여과 및 환수도 중요하지만 이를 보는 사육자의 판단과 타이밍이 중요하다고 생각합니다. 수량과 공간이 부족하지만 먹이는 부족하지 않게 급이 하기 때문에 물고기의 움직임에 집중합니다. 초기에는 어렵지만 경험이 쌓이게 되면 움직임이나 먹이 먹는 형태만 보더라도 쉽게 발견할 수 있습니다.

12 질병 예방 및 치료법

한

수질관리입니다. 질병의 **징후를 빨리 발견하는 것이 가장 좋은 치료법**입니다. 물갈이와 소금욕을 하고 있습니다.

오

매일 관찰하고 있습니다. 만일, 질병 등을 발견한다면 **신속한 조기 치료**와 적절한 **환수**가 최우선이라 생각합니다.

초기 치료는 환수와 소금, 엘바쥬로 하고 있으며, 중기 치료는 소금과 그린에프 골드로 하고 있습니다.

이

예방이 우선이고 예방의 최우선은 물 관리입니다. **에로모나스나 칼럼나리스균 등은 물속에 상시 존재합니다.** 이런 균들에 의해 발병하는 질병은 물속의 유해가스, 또는 물리적 충격, 충 등에 의해 일차적인 피해를 일으켜 발병하는 경우가 많습니다. 그렇기에 좋은 물 상태 유지, 충분한 산소공급과 조심스럽게 고기를 다루는 것은 질병예방의 기본입니다. 치료를 위해서는 좋은 상태의 물, 적온, 그리고 충분한 산소입니다. 큰 문제가 아니면 이런 환경만으로도 물고기의 방어, 자연치유력으로 호전되기 쉽습니다. 단지 추가한다면 **소금을 넣어주어 삼투압을 유지시켜 편안하게 해주는 것**입니다. 물론 농도가 짙어지면 살균 효과도 있습니다.

김

질병에 걸리지 않는 환경 조성이 가장 중요하다고 생각합니다. 적절한 환수와 과식시키지 않는 것입니다. 외부 입식어는 충분한 검역을 합니다. 항시 고기들의 움직임을 잘 살펴서 질병이 왔을 때는 **신속하게 대처**해 합니다. 치료법은 질병마다 다르겠지만 일단 **기본적으로 소금욕 0.6%를 실시**하고 있습니다.

윤

철저한 **물갈이**와 **관찰**을 매일 하고 있습니다.

전

질병 예방에는 **수질 관리**입니다. 물에서 모든 병이 발생한다고 생각합니다.

13 난주 사육의 매력

한

난주 사육을 통해 많은 친구들을 만나게 되고 팍팍한 삶의 활력소가 됩니다. 잡힐 듯 잡히지 않는 난주도 가장 큰 매력이지요. 사육을 통해 인생의 교훈을 깨닫기도 합니다.

오

기대감과 노력의 결과를 확인할 수 있습니다. 그리고 모든 것이 뜻대로 되지 않음을 느끼면서 중용을 배웁니다.

이

감상가치가 있는 난주는 그만큼 높은 경쟁률 속에서 나왔다는 뜻이기에 난주라는 종류가 모든 금붕어 중에 최고의 자리에 있다고 생각합니다. 여기서 최고의 의미는 절대적으로 가장 좋은 금붕어를 말하는 것이 아니라, 그만큼 기준에 부합하는 개체를 얻기가 어렵다는 것입니다. 여러 가지 면에서 인위적인 기준을 철저히 따르다 보니 많은 도태가 이루어지고 희소성이 있고 상대적으로 고평가를 받습니다.

난주 자체의 매력은 기준에 따르는 형태입니다. 튼실해 보이는 몸통, 꽃잎과도 같은 꼬리, 성격, 인상이 있어 보이는 머리, 그리고 꼬리 끝을 하늘거리며 유유히 헤엄치는 모습입니다.

김

예술품을 만드는 느낌과 그만큼 좋은 것이 귀한 희소성이라 생각합니다.

윤

개인적인 생각으로 난주는 일반 열대어와 달리 어미와 비슷한 개체를 얻기가 매우 힘들기 때문에 자신만의 개성을 가진 난주를 만들 수 있기 때문입니다. 말할 필요도 없이 직접 해보면 느낄 수 있을 것입니다.

전

머리를 비우고 서로 다른 난주들을 보면서 각자 다른 특징과 요소의 다양하고 상호 보완적인 부분들을 편안하게 즐기는 것입니다.

14 난주 사육 시 제일 어려운 점

한
규칙적인 물갈이와 선별입니다.

오
환수와 선별이라 생각합니다.

이
게을리하지 않고 언제나 옆에서 지켜봐야 한다는 것입니다. 잠시 게을리하다간 물의 악화 시 대처를 할 수 없고, 먹이를 충분히 주지 못해 충분한 성장을 하지 못하는 등에 의해, 특히 체형이 무너지는 경우가 있기 때문입니다. 최대한 이상적인 모양의 난주를 만들기 위해선 산란 시부터 신경을 써야 합니다. 어미를 선택하고, 부화 시 온도 조절, 커가며 먹이공급, 적절한 수위조절, 적절한 도태, 그 무엇하나 빼놓을 수 없는 요소입니다.

김

여러 가지가 있겠지만 가장 어려운 것은 첫 선별이라 생각합니다. 눈이 아프기도 하고 머리도 아픕니다.

윤

물 관리(난주 사육의 시작과 끝이 이것이라고 생각함.)

전

즐겁고 흥미로운 이 기쁜 마음을 계속 이어지게 하고 싶은 마음뿐입니다. 그러기 위해서는 관심과 흥미를 계속해서 유지해 나가는 것이 관건입니다.

금붕어들은 생각보다 똑똑하고 강하고 독립적이라 생각합니다. 나름대로 좋고 싫음이 분명하다고 느껴지지만 굳이 모든 것을 이해하고 싶지는 않습니다. 이해하고 다 알았다고 생각되는 순간 녀석에 대한 흥미와 관심이 사라질까 봐….

15 그동안 난주를 기르면서 경험한 에피소드

한

너무 많아서….

어떤 때는 내가 난주를 키우는 건지 난주가 나를 키우는 건지 모르겠습니다.

오

일본의 코사카 양어장에서 난주를 처음으로 수입할 때의 기억입니다. 공동구매 형식으로 적지 않은 양의 물량을 아주 어렵게 주문해서 도착할 날을 학수고대하면서 기다리고 있었습니다. 도착 예정일을 이틀 정도 앞두고 인천공항 물류창고에서 전화가 걸려왔습니다. "왜 물건을 안 찾아가는가?" 깜짝 놀라서 확인해보니 주문 혼선으로 보내는 날짜보다 미리 보낸 것이었습니다. 일하다 말고 인천공항으로 차를 몰아 달려갔습니다. 가면서 서울과 인근의 동호인들과 연락하면서 최대한 인맥을 동원해서 난주를 무사히 찾아올 수 있었던 기억이 있습니다.

그야말로 007작전을 방불케 하는 지금 생각해 보면 참 재미있던 기억이지만 그 상황에서는 적지 않은 금액과 귀하고 귀한 일본 난주를 잃을 지도 모른다는 불안감으로 정말 정신없었던 날은 아마 평생 기억될 겁니다.

이

언젠가 겨울의 일입니다. 수조가 야외에 있기에 한겨울이 되면 얼음이 두껍게 얼어버립니다. 물을 낮게 채웠던 상태라 얼고 남은 아래의 공간이 그리 많지 않았습니다. 약간의 공간만 남더라도 살 수 있기는 하나

추운 날이 많이 남았기에 걱정이 되어 물을 더 채워주기로 했습니다. 이로 인해 큰 재앙이 생겼습니다. 못은 시멘트로 되어있고 배수구는 파이프로 끼워져 있으며, 물을 뺄 때만 파이프를 뽑아내는 구조입니다. 물을 채우는 시간은 오후였고 시멘트벽에 붙어있는 얼음은 녹아있었습니다. 하지만 파이프와 접한 부분은 녹지 않은 상태였습니다. 물을 채우니 결과적으로 얼음의 물에 뜨는 부력에 의해 서서히 파이프가 뽑혀 버렸습니다. 표시 나지 않게 서서히 뽑히니, 다음날이 되어서야 알았습니다. 커다란 얼음덩어리 밑의 결과는 참혹했습니다. 에이스 난주, 에이스 삼색오란다 등 중요한 종어를 모두 잃었습니다.

이런 경우는 누구에게 배운다고 되는 것도 아니고 미리 짐작도 하지 못했던 일이라 저만이 알고 저 스스로 배우는 저만의 일이 되어버렸습니다. 누구나 자기 환경에 맞도록 스스로 생각하고 일하는 것이란 것을 말입니다.

윤

꽂힌 꼬리에 대한 정확한 기준을 몰라 초기에 멀쩡한 녀석들 다 버리다가 2005년 일본에서 오신 호노 씨로부터 정확한 내용을 듣고 나름대로 공부를 해서 지금은 내용을 정확하게 파악하고 있습니다.

처음 일본에서 수입했을 당시 초기 적응 실패로 대부분의 치어들을 모두 보낸 적도 있는데 역시 난주는 욕심을 내서도 안 되고 너무 서두르면 반드시 대가가 있다는 것을 느끼게 해주는 좋은 경험이었습니다.

전

에피소드라 하면 무엇보다도 새로운 분들을 많이 만난다는 점입니다. 각 지역에 계신 분들과 함께 같은 취미를 공유한다는 점 또한 일부러 계획하지 않아도 금붕어를 구경하러 가거나 구입하러 가다 보면 그것이 여행이 되는 것 같습니다.

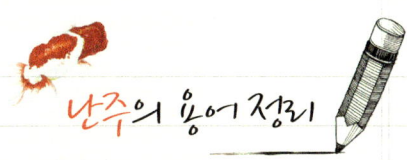

❶ 청수(青水) : 난주가 서식하기 알맞게 식물성 플랑크톤이 적절히 번식한 물

❷ 신수(新水 / 새물) : 물고기가 살지 않은 미리 만들어 둔 사육수

❸ 고수(古水 / 헌물) : 물고기가 살던 묵은 물. 우리말로는 헌물로 바꾸면 이해가 쉽다. 새물로만 환수를 하면 물고기가 살기에 좋지 않기 때문에 환수 시에는 대부분 일정량의 고수를 섞어서 사용 한다. 이것을 할수(割水)라 한다.

❹ 할수(割水) : 환수 시에는 대부분 일정량의 고수를 섞어서 사용하는 것으로 계절에 따라서 고수와 신수의 비율이 달라진다.

❺ 환수(煥水) : 일정기간 동안 사용해 오염된 사육수를 바꿔 주는 것을 말한다.

❻ 물 맞댐 : 환수 시 물고기가 새물에 적응할 수 있게 일정시간 새물을 조금씩 섞어서 수온 및 수질에 적응하게 하는 것이다.

❼ 추성(追星 / 별) : 산란기에 수컷의 가슴지느러미에 돋아나는 하얀색의 돌기

❽ 추미(追尾) : 산란기에 암컷을 쫓는 수컷의 행위

❾ 어소(魚巢) : 물고기 산란을 위해 필요한 둥지로 수초로는 카봄바나 아나카리스등을 사용하고 인공으로는 나일론 등으로 만든 것이 사용된다.

❿ 침자(針子) : 부화한지 얼마 되지 않아 마치 바늘 같은 형태의 치어

⓫ 청자(靑子) : 붕어 색깔을 한 치어

⓬ 흑자(黑子) : 검은 색을 띤 치어

⓭ 호독(虎禿) : 퇴색 전 흑자의 검은 색이 벗겨지면서 얼룩덜룩하게 지저분하게 보이는 시기의 유어이다. 그것이 호랑이 무늬 같아 보인다고 해서 호독이라 미화되어 불린다.

⓮ 퇴색(退色) : 붕어색을 벗고 금붕어 색으로 변하는 색깔의 시기를 말한다. 이 시기의 금붕어는 사람으로 치면 몸살증상같이 힘든 시간이므로 급격한 환경변화에 유의해야 한다.

⓯ 당세어(當歲魚) : 색갈이를 마친 올해 태어난 금붕어를 말한다. 정상적으로 자란 당세어의 크기는 가을 품평회까지 약 12~14cm 정도이다.

⓰ 이세어(二歲魚) : 겨울을 한 번 넘긴 금붕어를 말한다. 정상적으로 자란 이세어의 크기는 가을 품평회까지 약 15~18cm 정도이다.

⓱ 삼세어(三歲魚) : 겨울을 두 번 넘긴 금붕어를 말한다. 정상적으로 자란 이세

어의 크기는 가을 품평회까지 약 16~20 cm 정도이다.

⑱ 친어(親魚) : 산란이 가능한 이세어 이상의 부모 물고기=종어(種魚)

⑲ 육류(肉瘤) : 사자머리 종류의 금붕어에게 모이는 특징으로 머리의 정수리, 볼, 아가미 등에 붙는 혹으로 주성분은 지방질이다. 영양상태가 부족하면 그 크기가 줄어 든다. 특히 눈앞 양 볼의 육류는 분탄이라 불리고 용두(龍頭)라 부르는데 분탄이 강하게 발달하고 아가미의 육류가 없는 것이 최신 유행이다.

⑳ 눈앞(目先) : 눈에서 코 끝까지를 말한다. 전반적으로 치어시기 눈앞이 긴 고기를 선호하는데 그 이유는 눈앞이 긴 것은 분탄이 발달한 소질이 좋아 장래성이 있기 때문이다.

㉑ 눈 폭(目幅) : 눈과 눈 사이의 거리를 말한다. 눈 폭이 넓으면 머리가 크다는 것으로 장차 좋은 머리 형태의 발달에 기본 토대가 될 수 있다.

㉒ 몸길이(體長) : 머리에서 몸통까지의 길이

㉓ 전체길이(全長) : 머리에서 꼬리 끝까지의 길이

㉔ 미통(尾筒) : 등에서 꼬리까지 이어진 부위. 보통 미통이 너무 굵은 난주는 보기는 좋지만 헤엄이 좋기는 쉽지 않다.

㉕ 미명(尾皿) : 꼬리를 받치고 있는 부분으로 미명이 넓으면 꼬리도 좋고 헤엄도 좋은 경우가 많다.

베란다에서 즐기는 아름다운 금붕어
난주

초판 1쇄	2013년 6월 14일
3쇄	2024년 6월 4일

지은이	오상민
발행인	김재홍
책임편집	권다원, 이은주, 김태수
마케팅	이연실

발행처	도서출판지식공감
등록번호	제2019-000164호
주소	서울특별시 영등포구 경인로82길 3-4 센터플러스 1117호(문래동1가)
전화	02-3141-2700
팩스	02-322-3089
홈페이지	www.bookdaum.com
이메일	bookon@daum.net

가격	25,000원
ISBN	978-89-97955-57-2 03490

ⓒ오상민 2024, Printed in South Korea.

- 이 책은 저작권법에 따라 보호받는 저작물이므로 무단전재와 무단복제를 금지하며, 이 책 내용의 전부 또는 일부를 이용하려면 반드시 저작권자와 도서출판지식공감의 서면 동의를 받아야 합니다.
- 파본이나 잘못된 책은 구입처에서 교환해 드립니다.